OSTTIROL

Mark Zahel

KOMPASS Wanderführer

Mark Zahel

Jahrgang 1972, gelernter Geodät, machte vor einigen Jahren seine Leidenschaft als begeisterter Wanderer und Bergsteiger zum Beruf und veröffentlicht seitdem unermüdlich über alpine Gebiete. Bis 2009 sind über 20 Tourenführer und großformatige Bildbände sowie regelmäßige Beiträge in Fachmagazinen erschienen. Praktische Grundlage dafür bilden Sommer für Sommer monatelange Streifzüge durch die Alpen – mit Kamera und Notizbuch immer auf der Suche nach intensiven Stimmungen und faszinierenden Erlebnissen »draußen«. Osttirol ist ihm während vieler Touren als Bergsteigerparadies ans Herz gewachsen.

1. Auflage 2009 · ISBN 978-3-85026-095-4 Verlagsnummer 913

Text und Fotografie: Mark Zahel
Lektorat: Karin Straßer
Bildnachweis: Alle Aufnahmen vom Autor.
Titelbild: Am Venediger-Höhenweg über dem Virgental.
Bild Innentitel Seite 1: Die vergletscherten Malham-, Gubach- und Simonyspitzen beim Anstieg zur Zopetscharte.
Bild Seite 3: Das Glocknermassiv von Südwesten.

Grafische Herstellung: wt-BuchTeam
Wanderkartenausschnitte: © KOMPASS-Karten GmbH
Höhenprofile: wt-BuchTeam

Alle Angaben und Routenbeschreibungen wurden nach bestem Wissen gemäß unserer derzeitigen Informationslage gemacht. Die Wanderungen wurden sehr sorgfältig ausgewählt und beschrieben, Schwierigkeiten werden im Text kurz angegeben. Es können jedoch Änderungen an Wegen und im aktuellen Naturzustand eintreten. Wanderer und alle Kartenbenützer müssen darauf achten, dass aufgrund ständiger Veränderungen die Wegzustände bezüglich Begehbarkeit sich nicht mit den Angaben in der Karte decken müssen. Bei der großen Fülle des bearbeiteten Materials sind daher vereinzelte Fehler und Unstimmigkeiten nicht vermeidbar. Die Verwendung dieses Führers erfolgt ausschließlich auf eigenes Risiko und auf eigene Gefahr, somit eigenverantwortlich. Eine Haftung für etwaige Unfälle oder Schäden jeder Art wird daher nicht übernommen. Für Berichtigungen und Verbesserungsvorschläge ist die Redaktion stets dankbar.
Korrekturhinweise bitte an folgende Anschrift:

Walter Theil, Irmengardstraße 9, 84518 Garching/Alz (Deutschland)
Telefon 0049-(0)8634/68 98 03 · Fax 0049-(0)8634/68 98 04
E-mail: info@wt-buchteam.de · www.wt-buchteam.de
oder an
KOMPASS-Karten GmbH, Kaplanstraße 2, 6063 Rum/Innsbruck (Österreich)
Telefon 0043-(0)512/26 55 61-0 · Fax 0043-(0)512/26 55 61-8
E-mail: kompass@kompass.at · www.kompass.at

Vorwort

Osttirol ist durch und durch – sozusagen vom Scheitel des Großglockners bis zur Sohle im Drautal – ein Gebirgsland. Vielleicht sogar das schönste in ganz Österreich, wie aus Insiderkreisen unter halb vorgehaltener Hand verlautbart wird. Die Vorzüge dieses Landstrichs in ein paar knappen Sätzen auf den Punkt zu bringen, ist gar nicht so leicht. Als auffälligstes und sympathischstes Kennzeichen zeigt sich die weitgehende Ursprünglichkeit der Bergwelt. Touristische Erschließungen sind insgesamt sehr maßvoll geschehen, während Traditionelles allenthalben bewahrt und gepflegt wird. Hier setzt man in erster Linie auf den individuellen Wandergast, dem die naturgegebenen alpinen Verlockungen mehr wert sind als schrille Massenevents. Keine Frage: Osttirol besitzt besonderen Charme, nicht nur durch seine stolzen Gipfelhäupter, sondern auch durch eine über Jahrhunderte gewachsene Kulturlandschaft, die uns vor allem in den Seitentälern auf Schritt und Tritt begegnet.

Vom vergletscherten Hauptkamm der Hohen Tauern im Norden bis zu den Kalkzinnen der Lienzer Dolomiten und Karnischen Alpen im Süden offenbart sich ein Füllhorn alpiner Formenschätze. Diesen großartigen Kontrasten auf die Spur zu kommen, dabei möchte der vorliegende Wanderführer dienlich sein. Vorgestellt werden 50 Touren aus sämtlichen Teilregionen, solche für ambitionierte Bergwanderer ebenso wie für all jene, die es am liebsten beschaulich mögen. Gipfel und Höhenwege, verträumte Bergseen, urige Almen und Hütten laden uns ein zu sanfter Erkundung – mit Muskelkraft und vor allem mit offenen Sinnen. Viel Freude dabei wünscht

Mark Zahel

INHALT

Faszinierender Blick über den Karnischen Hauptkamm in die Bergwelt Friauls.

Im Ködnitztalschluss beeindruckt der Großglockner.

Osttirol – starkes Land

Osttirol erstreckt sich über rund 2000 Quadratkilometer im inneralpinen Raum zwischen den Hohen Tauern und dem Karnischen Hauptkamm an der Grenze zu Italien, der bereits den Südlichen Kalkalpen zugerechnet wird. Diese Lage macht es zu einer klimatisch begünstigten Region, was sich – zur Freude aller Wanderer und Bergsteiger – namentlich in einer hohen Sonnenscheindauer ausdrückt. Das oft noch unverfälschte Ambiente hinzugenommen, lässt umgehend eine Erkenntnis reifen: Osttirol erweist sich als ideale Gegend für aktive und erholsame Ferien!

Beginnen wir einen geografischen Querschnitt im Norden, so steht dort erst einmal der mächtige Wall des Alpenhauptkamms mit seinen zahlreichen Dreitausendern. Dabei ragt westlich der Felbertauernstraße die stark vergletscherte, aus Zentralgneis aufgebaute Venedigergruppe empor, im Großvenediger immerhin 3666 Meter hoch. Östlich davon finden wir die südlichen Teile der Granatspitz- und Glocknergruppe, in die das bei Huben im Iseltal abzweigende Kalser Tal mit seinen hochalpinen Verzweigungen unmittelbar hineingreift. Mit 3798 Metern ist der Großglockner nicht nur der höchste Punkt Osttirols, sondern bekanntermaßen ganz Österreichs.

Südlich der Venedigergruppe bildet das bezaubernde Virgental die Abgrenzung zur unvergletscherten und damit wesentlich gemäßigter erscheinenden Lasörlinggruppe. Gleichwohl werden auch hier stellenweise noch Höhen von knapp über 3000 Meter erreicht. Gegen Westen bis Südwesten schließen sich der Panargenkamm und die Rieserfernergruppe mit ihrem mächtigen Hauptgipfel, dem Hochgall (3436 m), an.
Es handelt sich praktisch durchwegs um stille Berggefilde, ein Attribut, welches auch für das Defereggengebirge Gültigkeit besitzt. Die Trennlinie zum Lasörlingkamm im Norden bildet das anheimelnd heitere Defereggental, die südliche Begrenzung das Pustertal. Von dort aus zweigt als einziges besiedeltes Tal inmitten dieser weitläufigen Gruppe das Villgratental ab (daher auch die regional geläufige Bezeichnung Villgrater Berge). In der Phyllitzone des Defereggengebirges bestimmt eine Gipfelflur hoher Zweitausender (maximal 2962 Meter in der Weißen Spitze) mit gedeckten Farben in Grün, Grau und Braun das vermeintlich unspektakuläre, aber wunderbar urtümliche Bild.
Zu den so genannten südlichen Tauernvorlagen zählt auch die hauptsächlich aus widerstandsfähigerem Altkristallin aufgebaute Schobergruppe östlich der tiefen Iselfurche. Über fünfzig oft schroffe Dreitausender (teils auch auf Kärntner Boden) verleihen ihr ein düsteres, alpineres Antlitz, wenngleich die Gruppe gegen das Lienzer Becken mit dem Zettersfeld sanft abdacht. An der Kreuzeckgruppe weiter südöstlich hat Osttirol hingegen nur noch absolut marginalen Anteil; sie ist im Grunde ein Kärntner Gebirge.
Die Drau ist nicht nur der bedeutendste Taleinschnitt unserer Region, sie markiert auch in geologischer Hinsicht die wichtigste Trennlinie. Südlich davon haben wir es nun – zumeist jedenfalls – nicht mehr mit den kristallinen Gesteinen der Zentralalpen zu tun, sondern mit Kalk und Dolomit, was sich mustergültig in den direkt über Lienz in den Himmel strebenden Lienzer Dolomiten offenbart. Auch wenn sich ihre absoluten Höhen nicht mit jenen der Tauern messen können, in Relation zum Drautal treten an Sandspitze, Spitzkofel und Co. noch Differenzen von mehr als 2000 Meter auf.
Die »Unholde«, wie die Lienzer Dolomiten früher im Volksmund ehrfürchtig genannt wurden, verkörpern schlichtweg eine Bilderbuchkulisse.
Ganz im Süden, jenseits von Sillian und dem Tal der Gail, fungiert schließlich der lang gezogene Karnische Hauptkamm als Grenze zum italienischen Friaul. Sein Merkmal ist eine fast chaotisch zu nennende Gesteinsmixtur (mit bedeutendem Anteil an Kalk, aber auch ganz alter paläozoischer Gesteine). Vor gut 90 Jahren verlief über diese Berge die Hochgebirgsfront des Ersten Weltkrieges.

Nationalpark Hohe Tauern

Mit 1834 Quadratkilometern ist der Nationalpark Hohe Tauern das größte Naturschutzgebiet Mitteleuropas. Osttirol teilt ihn sich mit seinen Nachbarländern Salzburg und Kärnten. Neben alpinen Urlandschaften aus Eis und Wasser, Fels und Moränen, Grasmatten und Bergwäldern, die den Kern des Parks ausmachen, sind auch Areale bergbäuerlicher Kultur, die von einer jahrhundertelang im Einklang mit der Natur betriebenen Almwirtschaft geprägt sind, eingeschlossen. Die Fauna und Flora des Hochgebirges mit ihren ungemein sensiblen Lebensgemeinschaften steht unter besonderem Schutz. So konnte beispielsweise der einst ausgerottete Bartgeier hier wieder eine Heimstatt finden. Der Mensch wird im Nationalpark keineswegs ausgegrenzt, ist aber aufgefordert, sich im Umgang mit der Natur respektvoll zu verhalten. Ein Grundsatz, der eigentlich überall Gültigkeit besitzen sollte ...

Die Talorte

Nachfolgend sollen die wichtigsten Ortschaften Osttirols in alphabetischer Reihenfolge kurz skizziert werden.

Abfaltersbach (983 m)
liegt im Hochpustertal zwischen den Wald- und Wiesenflanken an der Südseite des Defereggengebirges sowie den westlichen Ausläufern der Lienzer Dolomiten. Der Ort, in dem einige schmucke, alte Bauernhäuser auffallen, ist bereits 987 als östlichste Grenze des bajuwarischen Siedlungsgebiets urkundlich erwähnt worden.

Ainet (747 m)
befindet sich im Iseltal wenige Kilometer vor Lienz zwischen den Abhängen der Schobergruppe und der Deferegger Alpen. Absolute Ruhe genießt man an den oberhalb gelegenen Streuweilern wie Unter- und Oberalkus, Gwabl oder Schlaiten.

Anras (1262 m)
an der Pustertaler Höhenstraße gelegen, gehört zu den geschichtsträchtigsten Orten Osttirols. Die ursprünglich romanische Siedlung wurde 770 erstmals erwähnt. Neben der Pfarrkirche ist Schloss Anras, das bischöfliche Pfleggerichtshaus, das Wahrzeichen von Anras.

Assling (1126 m)
ist die größte Gemeinde an der Pustertaler Höhenstraße, die sich von Abfaltersbach bis kurz vor Leisach quer durch die Flanken am Südabhang des Defereggengebirges windet. Mehrere Fraktionen auf dieser natürlichen Geländeterrasse gehören dazu. Neben diversen Kirchen und Kapellen für Kunst- und Kulturbeflissene zählt vor allem der Wildpark und die Sommerrodelbahn zu den Attraktionen Asslings.

Außervillgraten (1287 m)
schmiegt sich in die Einmündung des Winkeltals ins Villgratental.

Abseits von Hauptdurchgangsstraßen ist ein ruhiges Ambiente garantiert. Markantester Bau ist die klassizistische Pfarrkirche St. Gertraud.

Dölsach (731 m)
liegt mit seinen Ortsteilen im weiten Drautal rund 5 km östlich von Lienz. Als kulturgeschichtlich herausragend gilt die Ausgrabungsstätte der römischen Stadt Aguntum zwischen Dölsach und Nußdorf-Debant, deren Vorläufer sogar schon auf die Illyrer im 2. Jahrtausend vor Christus zurückgeht.

Hopfgarten (1107 m)
liegt zwischen steilen Wiesenflanken und dunklen Wäldern im vorderen Teil des Defereggentals. Ohne besonders namhafte Gipfel ringsum lädt es zu stillen Streifzügen in der südöstlichen Lasörlinggruppe und dem Defereggengebirge ein. Auch einige schön gelegene Weiler am Sonnenhang, wie Hof oder Ratzell, gehören zur Gemeinde.

Innervillgraten (1402 m)
hat in der Abgeschiedenheit des Villgratentals sein zauberhaft ursprüngliches Flair bewahrt. Die Streusiedlung liegt auf einem offenen Talboden und ist eine günstige Ausgangsbasis für alle Touren im Grenzbereich zum Südtiroler Gsies, mit dem es historisch enge Verflechtungen gibt. Neben der stattlichen Pfarrkirche sowie der Wallfahrtskirche Maria Schnee zuhinterst in Kalkstein schmücken viele Kapellen das ganze Tal.

Kals (1324 m)
ist das »Glocknerdorf« unter dem höchsten Berg Österreichs, um

Stattlicher Berghof in Oberlesach bei Kals.

den sich hier natürlich fast alles dreht. Zur Gemeinde gehören mehrere Ortsteile und Weiler, in denen sich häufig die alte Baukultur noch unverfälscht erhalten hat, beispielsweise die stolzen Berghöfe in Lesach. Wertvolle Kulturgüter, etwa die aus dem 12. Jahrhundert stammenden Mühlen entlang des Kalser Bachs oder die Kirchen in den Ortsteilen Ködnitz und Großdorf, gehören ebenso zum Inventar wie verschiedene Naturschätze. Hier können der Schleierwasserfall und natürlich der imposante Ködnitztalschluss genannt werden. Das Dorfer Tal wurde glücklicherweise gerade noch rechtzeitig aus den Klauen der Energiewirtschaft gerettet und steht mittlerweile - wie der größte Teil der Kalser Bergwelt - unter dem Schutz des Nationalparks Hohe Tauern.

Kartitsch (1353 m)
liegt als malerischer Ferienort im Tiroler Gailtal, am Fuße des Karnischen Hauptkamms. Ringsum breitet sich ein stilles Wandergebiet aus, während die Pfarrkirche St. Leonhard sowie die Kirchen in den Weilern St. Oswald und Hollbruck zu den sehenswerten Kulturstätten zählen.

Lienz (673 m)
ist die pulsierende Bezirkshauptstadt Osttirols, eingerahmt von stattlichen Bergen am Zusammenfluss von Drau und Isel. Südlich der Drauschleife gehören auch die Gemeinden Tristach und Amlach zum erweiterten Siedlungsgebiet, während sich auf dem nördlichen Schwemmfächer Gaimberg, Thurn und Oberlienz ausbreiten. Die packende Kulisse bieten die Lienzer Dolomiten mit ihren schroffen Nordabstürzen, während die Ausläufer von Schobergruppe und Defereggengebirge sanfter zum Talkessel abfallen. Um 1020 erstmals erwähnt, erlebte Lienz bereits im Mittelalter unter der Herrschaft der Grafen von Görz enormen Aufschwung. Eine wechselvolle Geschichte hinterließ über die Jahrhunderte zahlreiche Bauwerke von Rang in und um Lienz, etwa die Liebburg in der Altstadt oder Schloss Bruck, das auch das Osttiroler Heimatmuseum beherbergt. Eine ausführliche Nennung kultureller Sehenswürdigkeiten würde den gebotenen Rahmen zwei-

Am Hauptplatz in Lienz.

Häuserzeile in Obertilliach.

fellos sprengen, weshalb an dieser Stelle auf die Broschüren des Tourismusverbandes sowie den Begleitführer der KOMPASS-Karte Nr. 47 verwiesen werden soll. Erwähnenswert ist der schon südländisch angehauchte Charme dieser Stadt, die als sonnenreichste ganz Österreichs gilt.

Matrei (975 m)
an der Zusammenkunft von Virgental und Tauerntal, ist das Zentrum der Osttiroler Tauernregion. Es liegt auf dem Schwemmkegel des Bretterwandbachs, der einst als gefährlichster Wildbach Österreichs galt und immer wieder Verwüstungen durch Muren anrichtete. Die Urbesiedlung des Talkessels geht mutmaßlich schon auf die Römerzeit zurück, erstmals urkundlich erwähnt wurde Matrei 1162. Die Eröffnung des Felbertauerntunnels (1967), der Osttirol endlich direkt von Norden her zugänglich machte, gab die entscheidenden Impulse für den touristischen Aufschwung. Von kulturellem Interesse sind die Pfarrkirche St. Alban, Schloss Weißenstein sowie das Heimatmuseum im Rathaus, als botanische Besonderheit gilt das »Zedlacher Paradies« mit seinen uralten Lärchen (Waldlehrpfad).

Nikolsdorf (675 m)
heißt eine kleine Sommerfrische im Drautal, nahe dem »Kärntner Tor«, jener Talverengung zwischen Kreuzeckgruppe und Lienzer Dolomiten, die die Grenze zwischen Osttirol und Kärnten bildet.

Obertilliach (1450 m)
auf einem markanten Schwemmkegel im Tiroler Gailtal gelegen, hat sich als Bilderbuchdorf einen Namen gemacht. Es handelt sich um ein geschlossenes Haufendorf, in dem sich die historische Bausubstanz noch weitgehend erhalten hat. Der Ortskern steht sogar unter Denkmalschutz. In der stillen Wanderregion, die sich übrigens ostwärts hinter Untertilliach ins Kärntner Lesachtal fortsetzt, kommen Genießer voll auf ihre Kosten.

Prägraten (1309 m)
liegt im hinteren Virgental zwischen Großvenediger und Lasörling. Die Nationalparkgemeinde hat sich ganz dem Wander- und Bergtourismus verschrieben – kein Wunder bei den vielfältigen Möglichkeiten ringsum. Als be-

rühmteste Sehenswürdigkeit gelten die wilden Umbalfälle.

Sillian (1103 m)
wurde um 1000 gegründet und fungiert heute als Zentrum der Ferienregion Hochpustertal - ein Dorado für Wanderfreunde. In der Nähe zweigen das Villgratental sowie das Gailtal ab und auch ins benachbarte Südtirol ist es von hier nur ein Katzensprung. Dominiert wird der Ort von der Pfarrkirche, während 2 km weiter östlich die wehrhafte mittelalterliche Burg Heinfels besticht.

St. Jakob (1389 m)
ist der Hauptort des ursprünglichen Defereggentals, das - typisch für Osttirol - voll auf den sanften Tourismus setzt. Zirbenwälder und weitläufige Matten prägen die heitere Umgebung, deren Höhenklima als besonders erholsam gerühmt wird. Neben der Pfarrkirche im Ort sind auch jene in Mariahilf und St. Leonhard sehenswert.

St. Veit (1495 m)
liegt ein gutes Stück oberhalb der Schwarzach am Sonnenhang des Defereggentals und zeichnet sich durch Nebelarmut und hohe Sonnenscheindauer aus. Einst wurde hier sogar bis in Rekordhöhen von 1700 Meter Getreide angebaut; etliche Höfe kleben am Steilhang. Auch St. Veit hat sich ein intaktes Dorfbild bewahren können und ist ein beliebtes Feriendomizil für alle, die es beschaulich mögen. St. Vitus (mit sehenswerten Fresken) ist die älteste Pfarrkirche im Defereggental.

Virgen (1194 m)
an der klimatisch begünstigten Südabdachung der Venedigergruppe gelegen, wird auch als »Meran Osttirols« bezeichnet. Die Deutung des slawischen Ortsnamens führt indessen auf »sonniges Plätzchen«. Außer der Pfarrkirche St. Vigilius im Ortszentrum gehören die Wallfahrtskirche im benachbarten Obermauern und die Ruine Rabenstein zu den bedeutendsten Kulturgütern. Die einzigartige Heckenlandschaft der Virger Feldflur wird durch den »Weg der Sinne« zum Erlebnis.

Die Wallfahrtskirche von Obermauern ist berühmt für ihren reichen Freskenschmuck.

Sommer im Vilgratental.

Höhenwege von Hütte zu Hütte

Venediger-Höhenweg

Längst ein Klassiker unter den Mehrtageswanderungen von Hütte zu Hütte! Wie an einer Perlenkette liegen die Stützpunkte der Venediger-Südseite aufgereiht, per Schartenübergänge oder aussichtsreiche Flankensteige ideal miteinander verbunden. Als Einstieg empfiehlt sich die Essener- und Rostocker Hütte über dem hinteren Virgental. Von dort geht es via Johannishütte zur Eisseehütte (mit einer lohnenden Variante auch über die Neue Sajathütte) und weiter zunächst einmal zur Bonn-Matreier-Hütte, von wo sich eine günstige Rückkehr ins Virgental anbietet. Mit dem anspruchsvollsten Übergang (via Galtenscharte) zieht der Venediger-Höhenweg aber noch weiter Richtung Badener Hütte und schließlich von der St. Pöltener Hütte zum Endpunkt am Matreier Tauernhaus. Eine ganze Woche im Höhenrausch!

Lasörling-Höhenweg

Diese Route ist das – etwas gemäßigtere – Gegenstück zum Venediger-Höhenweg auf der südlichen Seite des Virgentals. Von Matrei via Zunigalm, Zupalseehütte, Lasörlinghütte und Neue Reichenberger Hütte bis ins Umbaltal und nach Ströden rechnet man ca. 4 bis 5 Tage, wobei auch eine Variante über die Bergerseehütte genommen werden kann. Schlüsseletappe ist jene übers Prägrater Törl.

Glocknerrunde

In Kooperation des Österreichischen Alpenvereins mit den Tourismusgemeinden des Nationalparks Hohe Tauern ist im Jahr 2002 der einwöchige »Glocknertreck« rund um das höchste Bergmassiv Österreichs kreiert worden. Obgleich einige hochalpine Etappen bevorstehen, ist der Gesamtanspruch eher nur mittel. Übernachtet wird meist auf Hütten, teils aber auch in Talorten. Je nach Ausgangspunkt und Gehrichtung wird Osttirol von Norden kommend im Regelfall am Kalser Tauern betreten. Über den Silesia-Höhenweg geht es zur Sudetendeutschen Hütte, anschließend hinüber nach Kals. Nach dem Aufstieg zur Glorer Hütte wird Richtung Salmhütte der Wechsel nach Kärnten vollzogen.

Hochschoberrunde

Darunter ist ein ganzes Tourenpaket versammelt, welches ideale Möglichkeiten bietet, die eindrucksvolle Schobergruppe binnen mehrerer Tage zu erkunden. Je nach zur Verfügung stehender Zeit gibt es eine sechstägige Rundtour vom Lucknerhaus aus, bei dem drei Dreitausendergipfel bestiegen werden, oder ein viertägiges Trekking mit Ausgangspunkt im Debanttal und ebenfalls bis zu drei eingeflochtenen Dreitausendern. Bei einer verschärften sechstägigen Variante, die sämtliche hochalpinen Abschnitte nutzt, steht sogar jeden Tag ein hoher Gipfel auf dem Programm. Als Stützpunkte fungieren ein halbes Dutzend gemütlicher Alpenvereinshütten sowohl auf Osttiroler wie auf Kärntner Seite.

Großer Törlweg

Acht Törln, drei Hütten und – je nach Geschmack – bis zu sechs Gipfel stehen bei der Ost-West-Durchquerung der Lienzer Dolomiten auf dem Menüplan. Die Etappen führen zum Hochstadelhaus, zur Karlsbader Hütte und zum Schutzhaus Kerschbaumer Alm, mit finalem Abstieg ins Drautal. Eine fantastische Tour durch das Reich der »Unholde«, für geübte Bergwanderer (außer bei einigen Gipfeln) nicht einmal sonderlich schwierig!

Wegweiser bei der Sudetendeutschen Hütte.

Osttirol-Card

Mit der Osttirol-Card können 22 Angebote (alle Bergbahnen, außerdem Schwimmbäder, Museen und Ausstellungen, Schlossbesichtigungen, Sommerrodelbahn Assling etc.) einmal täglich ohne Aufpreis genutzt werden. In 2008 betrugen die Preise: Erwachsene 39,50 Euro, Kinder bis 14 Jahre 17,50 Euro, bis 6 Jahre bzw. ab dem 3. Kind frei.

Karnischer Höhenweg

Diese lange Durchquerung an der Südgrenze Österreichs zum Friaul ist mittlerweile aus ihrem Dasein als Geheimtipp schon herausgetreten. Die landschaftliche Schönheit hat sich herumgesprochen, aber dennoch ist Überlaufenheit bei einer Strecke von weit über 100 km kaum zu befürchten.

Der Karnische Höhenweg folgt als echter Grenzwanderweg häufig Militärpfaden aus dem Ersten Weltkrieg und ist historisch ebenso interessant wie botanisch und geologisch. Er beginnt offiziell in Thörl-Maglern (Kärnten) und endet bei Sillian. Auf Osttiroler Boden liegen – vom Hochweißsteinhaus kommend – folgende Stützpunkte am Weg: Neue Porzehütte, Filmoor-Standschützenhütte, Obstanserseehütte und schließlich die Sillianer Hütte. Wer's komplett macht, braucht mindestens 10 Tage und unternimmt ein Trekking der Extraklasse!

Osttirol 360 Grad

Derzeit wird ein besonderes Weitwanderprojekt lanciert, das auf alpinen Wegen einmal rund um ganz Osttirol führen soll. Was ja mit über 300 km Wegstrecke nicht gerade wenig ist. Dabei werden auch maßgebliche Teile der zuvor genannten Routen integriert. Insgesamt handelt es sich um ca. 36 Etappen, deren Abfolge quasi eine Gesamtschau der Region vermitteln soll. Ob und wie sich die Sache in der Zukunft entwickeln wird, kann derzeit noch nicht beurteilt werden. Einen gewissen Reiz hätte sie freilich schon ...

Bahn	Talstation	Bergstation	Betriebszeiten	Telefon	Tour
Zettersfeldbahn (Lienzer Bergbahnen)	Lienz, Stocker (725 m)	Zettersfeld (1812 m) Steinermandl (2200 m)	Mitte Juni – Ende September	04852/63975	3
Kalser Bergbahnen	Kals-Großdorf (1364 m)	Blauspitz (2305 m)	Ende Juni – Ende September	04876/8233	11
Matreier Goldried Bergbahnen	Matrei, südlicher Ortsrand (932 m)	Goldried (2146 m)	Ende Juni – Ende September	04875/6067	12
Brunnalm-Bergbahn	St. Jakob in Defereggen (1375 m)	Brunnalm (2055 m) Moosalm (2345 m)	Ende Juni – Ende September	04873/52740	36
Hochsteinlift (Lienzer Bergbahnen)	Lienz (683 m)	Sternalm (1505 m)	Mitte Juni – Mitte September	04852/63975	38
Hochpustertaler Bergbahnen	Sillian-Heinfels (1130 m)	Gadein (2100 m)	Ende Juni – Mitte September	04842/6880	43
Obertilliacher Bergbahnen	Obertilliach (1450 m)	Connyalm (2070 m)	Mitte Juni – Ende September	04847/5300	47

Hütte/Alm/Gasthaus	Höhe	Bewirtschaftung (nur Sommer)*	Telefon	Übern.
Alpe Stalle	1714 m	Mitte Mai – Ende Oktober	0664/2637221	
Alte Prager Hütte	2489 m	Ende Juni – Ende September	0676/7331300	
Anna-Schutzhaus	1992 m	Ende Mai – Mitte Oktober	0664/4211895	x
Arnitzalm	1848 m	20. Juni – Ende September	04875/6339	
Außergschlöß	1695 m	Mitte Juni – Mitte Oktober	04875/20041	x
Badener Hütte	2608 m	Anfang Juli – Mitte September	0664/9155666	x
Barmer Hütte	2591 m	Mitte Juni – Ende September	0664/9489413	x
Bergeralm (Prägraten)	1840 m	Mitte Juni – Ende September	04874/5458	x
Bergeralm (Kals)	1636 m	Ende Mai – Mitte Oktober	0664/9154214	
Bergerseehütte	2181 m	Anfang Juni – Ende Oktober	0664/4338333	x
Blauspitz Panoramarestaurant	2305 m	wie Kalser Bergbahnen	0664/3077090	
Blindisalm	1894 m	Anfang Juli – Ende September	0699/88452990	
Bloshütte	1795 m	Anfang Juni – Mitte Oktober	0699/10845212	x
Bodenalm	1948 m	Ende Mai – Ende Oktober	0664/9154094	
Bonn-Matreier-Hütte	2745 m	Ende Mai – Ende Oktober	04874/5577	x
Brugger Alm	1818 m	Anfang Juni – Anfang Oktober	0664/4519280	
Brunnalmstüberl	2055 m	Ende Juni – Ende September	04873/5412	
Clarahütte	2036 m	Anfang Juni – Ende September	0664/9758893	x
Connyalm	2070 m	Mitte Juni – Ende September	04847/5101	x
Defreggerhaus	2963 m	Ende Juni – Ende September	0676/9439145	x
Eisseehütte	2521 m	Mitte Juni – Anfang Oktober	0664/4606459	x
Erzherzog-Johann-Hütte	3451 m	Ende Juni – Ende September	04876/8500	x
Essener- und Rostocker Hütte	2207 m	20. Juni – Ende September	04877/5101	x
Filmoor-Standschützenhütte	2350 m	Ende Juni – Ende Oktober	-	x
Gadein Panoramarestaurant	2100 m	wie Bergbahn Thurntaler	04842/6320	
Glanzalm	1975 m	Anfang Juli – Ende September	04872/5689	
Glocknerblick	1944 m	Anfang Juni – Mitte Oktober	0664/1000244	
Glorer Hütte	2651 m	Mitte Juni – Ende September	0664/3032200	x
Gölbnerblickhütte	1824 m	Anfang Juli – Ende September	04846/6594	
Goldried	2146 m	wie Matreier Bergbahnen	04875/6555	
Gotschaunalm	1943 m	Anfang Juli – Mitte September	0664/9765678	
Hochschoberhütte	2322 m	Mitte Juni – Ende September	0664/9157722	x
Hochstadelhaus	1780 m	Mitte Juni – Anfang Oktober	04710/2778	x
Hochsteinhütte	2025 m	Anfang Mai – Ende Oktober	0676/5616433	x
Islitzer Alm	1509 m	Anfang Mai – Ende Oktober	0664/9759790	
Jagerstube	1735 m	Mitte Juni – Ende September	04873/5161	
Johannishütte	2116 m	Mitte Juni – Anfang Oktober	04877/5150	x
Kalserhütte	1780 m	Anfang Juni – Ende September	0664/9750399	x
Kalser Tauernhaus	1754 m	Ende Mai – Mitte Oktober	0664/9857090	x
Kals-Matreier-Törlhaus	2207 m	Mitte/Ende Juni – Anfang Oktober	0699/11101073	x
Karlsbader Hütte	2261 m	Mitte Juni – Anfang Oktober	0664/9759998	x
Kerschbaumer Alm	1902 m	Ende Mai – Ende September	0664/3034647	x
Lanthaleralm	1746 m	Anfang Juli – Mitte September	04874/5464	
Lasnitzenalm	1895 m	Ende Mai – Ende Oktober	04877/5267	x
Lasörlinghütte	2296 m	Anfang Juni – Anfang Oktober	0664/9758899	x
Leckfeldhütte	1925 m	Anfang Juni – Mitte Oktober	0664/3412813	x
Leppetalalm	1930 m	20. Juni – Ende September	0676/4042326	
Lesachalmhütte	1816 m	Ende Mai – Ende September	0664/9759996	x

Lesach-Riegel-Hütte	2134 m	Anfang Juni – Ende September**	04876/265	x
Lienzer-Dolomiten-Hütte	1616 m	ganzjährig	0664/2253782	
Lienzer Hütte	1974 m	Anfang Juni – Anfang Oktober	04852/69966	x
Lucknerhaus	1948 m	Anfang Mai – Ende Oktober	04876/8555	x
Lucknerhütte	2241 m	Anfang Juni – 20. Oktober	04876/8455	x
Matreier Tauernhaus	1512 m	ganzjährig	04875/8811	x
Merschenalm	2248 m	Anfang Juli – 20. September	04874/5326	
Mooseralm	2345 m	wie Bergbahnen St. Jakob	04873/20066	
Naturfreundehütte (Zettersfeld)	1850 m	Anfang Juni – Ende Oktober	04852/69852	x
Neue Porzehütte	1942 m	Mitte Juni – Ende September	0664/4038929	x
Neue Prager Hütte	2782 m	Anfang Juni – Anfang Oktober	04875/8840	x
Neue Reichenberger Hütte	2586 m	Mitte Juni – Ende September	04873/5580	x
Neue Sajathütte	2600 m	Mitte Mai – Ende Oktober	0664/5454460	x
Niljochhütte	1975 m	20. Mai – Mitte Oktober**	04877/5440	x
Oberhausalm (Alpengasthaus)	1768 m	Mitte Mai – Mitte Oktober	0664/9155700	
Oberseehütte	2014 m	Mitte Mai – Ende Oktober	0676/9439150	
Obstanserseehütte	2304 m	20. Juni – Ende September	04848/5422	x
Patscher Hütte (Alpengasthof)	1685 m	Anfang Juni – Anfang Oktober	0676/5299148	x
Pebellalm	1520 m	Mitte Mai – Mitte Oktober	0664/9055466	
Ragötzlalm	2110 m	Mitte Juni – Anfang Oktober	0699/81747568	x
Salmhütte	2638 m	Mitte Juni – Ende September	0664/22165946	x
Schmiedleralm	2100 m	Anfang Juli – Mitte September	04874/5420	
Seespitzhütte	2327 m	Anfang Juni – Mitte Oktober	0676/7558881	x
Sillianer Hütte	2447 m	Anfang Juni – Anfang Oktober	04842/6770	x
Speikbodenhütte	2079 m	Ende Juni – Anfang Oktober	0676/4096340	x
Stabanthütte	1800 m	Mitte Mai – Ende Oktober	0664/2207577	x
Sternalm	1505 m	Mitte Juni – Ende September	04852/62485	
Steiner Alm	1914 m	Anfang Juni – Ende September	0664/5953363	x
Steinermandl Panorama	2200 m	Ende Juni – Mitte Oktober	04852/67765	
Stoanalm	1469 m	Mitte Mai – Mitte Oktober	0664/9155222	
St. Pöltener Hütte	2481 m	Ende Juni – Ende September	06562/6265	x
Strumerhof	1450 m	Anfang Mai – Ende Oktober	04875/6310	
Stüdlhütte	2802 m	Mitte Juni – Anfang Oktober	04876/8209	x
Sudetendeutsche Hütte	2656 m	Ende Juni – Mitte/Ende September	0664/2160427	x
Thurntaler Rast	1976 m	Anfang Juni – Anfang Oktober	04843/5243	x
Trojer Alm	1818 m	Anfang Mai – Ende Oktober	0664/5576089	
Unterstalleralm	1673 m	Pfingsten – Mitte Oktober	0664/2044977	
Venedigerhaus Innergschlöß	1689 m	Pfingsten – Ende Oktober	04875/8820	x
Volkzeiner Hütte	1884 m	Mitte Mai – Mitte Oktober	04842/6787	x
Waldhuberkaser	2082 m	Anfang Juli – Mitte September	04855/8513	
Wangenitzseehütte	2508 m	Ende Juni – Ende September	04826/229	x
Wetterkreuzhütte	2106 m	Mitte Juni – 20. Oktober	04874/5227	x
Winklerner Alm	1907 m	Anfang Juni – Ende Oktober	0664/2333081	x
Wodenalm	1804 m	Pfingsten – Ende Oktober	0699/12165858	
Zunigalm	1855 m	10. Juni – 20. Oktober	0664/9059063	x
Zupalseehütte	2346 m	Mitte Juni – 20. Oktober	04874/5227	x

* Richtwerte, die von Jahr zu Jahr sowie witterungsbedingt variieren können

** jüngst geschlossen, bitte vor Ort erkundigen

Tipps und Hinweise

Schwierigkeitsbewertung

In diesem Führer werden generell Bergwanderungen auf markierten Wegen und Steigen vorgestellt. Kletterei kommt nur in wenigen Fällen vor und auch dann nur in der leichtesten Form. Gletscherbegehungen bleiben sogar komplett außen vor, da dies eine ganz andere »Liga« bedeutet und in einem Wanderführer nichts verloren hat. Dennoch sind die Anforderungen der einzelnen Touren zum Teil recht unterschiedlich. Die Zuordnung in einer der nachfolgend definierten Kategorien soll einen ersten Anhaltspunkt vermitteln. Dabei sind sowohl die technische Schwierigkeit einer Route (Steilheit, Geländebeschaffenheit etc.) als auch der konditionelle Anspruch, also Gehzeit bzw. Höhenmeter, einbezogen. Die Praxis zeigt, dass gerade die Ausdauerfrage häufig der am stärksten selektierende Faktor ist. Wichtig ist stets die realistische Einschätzung der persönlichen Leistungsfähigkeit. Neben der »Tourenfarbe« richte man sein Augenmerk stets auf die ausführlicheren Erläuterungen unter dem Stichpunkt »Charakter« im Tourenkopf.

▼ Leichte Wanderungen auf gut ausgebauten Wegen und mit überwiegend gemäßigten Steigungen. Konditionelle Obergrenze bei rund 5 Std. bzw. 1000 Hm. In aller Regel auch für Familien und alpin wenig Geübte geeignet.

▼ Gewöhnliche Bergwege, die oft schmaler und steiler verlaufen können, durchaus auch in hochalpinem Gelände und mit ausgesetzten Passagen. Solide Trittsicherheit muss vorausgesetzt werden, elementare alpine Erfahrung ist in jedem Fall vorteilhaft. Technisch eher leichte, aber lange Touren fallen ebenfalls in diese Kategorie.

▼ Anspruchsvolle Touren an der oberen Grenze des Bergwanderniveaus. Hochalpines Gelände ist sicher zu beherrschen, entsprechend ausgereifte Trittsicherheit und gute Kondition sind unabdingbar. In felsigem Terrain kann auch leichte Kletterei (in diesem Führer nicht über den I. Grad hinaus) verlangt werden. Nur für Bergerfahrene bei guten äußeren Bedingungen!

Notrufe
- Bergrettung in Österreich: 140
- Europäischer Notruf: 112

Alpine Auskunft
- Österreichischer Alpenverein, Tel. 0512/587828
- Deutscher Alpenverein, Tel. D-089/294940

Wetterinfos im Internet
- http://wetter.orf.at/oes/
- www.alpenverein.at
- www.alpenverein.de

Zeitangaben

Die im Tourenkopf angegebenen Gehzeiten können nur Richtwerte sein. Sie orientieren sich an berggewohnten Wanderern, die nicht übertrieben sportlich unterwegs

Tourismusverbände

- Osttirol Information, Albin-Egger-Str. 17, 9900 Lienz, Tel. 04852/65333, www.osttirol.com
- Nationalparkregion Hohe Tauern, Rauterplatz 1, 9971 Matrei in Osttirol Tel. 04875/6527, www.hohetauern-osttirol.at
- Tourismusverband Virgental, Virgentaler Str. 77, 9972 Virgen, Tel. 04774/5210; Informationsbüro, 9974 Prägraten am Großvenediger, Tel. 04877/6366
- Tourismusinformation, 9981 Kals am Großglockner, Tel. 04876/8800
- Ferienregion Defereggental, Unterrotte 44, 9963 St. Jakob in Defereggen, Tel. 04873/6360, www.defereggental-info.at; Informationsbüro, 9962 St. Veit in Defereggen, Tel. 04879/6660; Informationsbüro, 9961 Hopfgarten in Defereggen, Tel. 04872/5356
- Ferienregion Lienzer Dolomiten, Europaplatz 1, 9900 Lienz, Tel. 04852/65265, www.LienzerDolomiten.info
- Tourismusverband Hochpustertal, Gemeindehaus 86, 9920 Sillian, Tel. 050/212300; Tourismusbüro, 9941 Kartitsch, Tel. 050/212350

sein müssen, aber mit den technischen und konditionellen Anforderungen problemlos zurechtkommen. Dabei sind Pausen selbstverständlich nicht berücksichtigt. Weil in der Realität das Gehtempo in Abhängigkeit vieler Faktoren sehr verschieden ist und die benötigten Zeiten damit oft weit auseinanderklaffen, sollte jeder seinen persönlichen »Zeitmaßstab« herausfinden und nicht auf Teufel komm raus irgendwelchen Vorgaben nacheifern.

Wanderzeit und Verhältnisse
Die günstigste Jahreszeit für die meisten Touren liegt in Folge schneefreier Verhältnisse grob gesagt zwischen Juni und Oktober, für hochalpine Unternehmungen teilweise auch in einer deutlich kürzeren Spanne (Juli bis September). Im Gebirge ist ein Wettersturz mit Schneefall bis in mittlere Lagen jedoch selbst im Hochsommer möglich, daran sollte immer gedacht werden. Für die individuelle Tourenplanung spielen neben dem aktuellen Wetter oft auch die Öffnungszeiten von Hütten eine Rolle (siehe dazu die Übersicht).

Schroffe Gipfel flankieren das Brugger Almtal.

Ederplan, 2062 m

Zum urgemütlichen Anna-Schutzhaus

Ausgangspunkt: Stronach, 1106 m, Weiler oberhalb von Dölsach im Drautal; Zufahrt über die B107 und vor Iselsberg rechts ab. Auf einem mautpflichtigen Wirtschaftsweg kann bis zum Parkplatz Zwischenbergen, 1450 m, gefahren werden.
Gehzeit: Zwischenbergen (zu Fuß) 1 Std., Aufstieg zum Ederplan 1½ Std., Abstieg 1 Std., bis Stronach ¾ Std. länger; gesamt je nach Ausgangspunkt 2½ oder 4¼ Std.
Höhenmeter: Ab Stronach 960 Hm, ab Zwischenbergen nur 610 Hm.
Charakter: Leichte Bergwanderung, meist

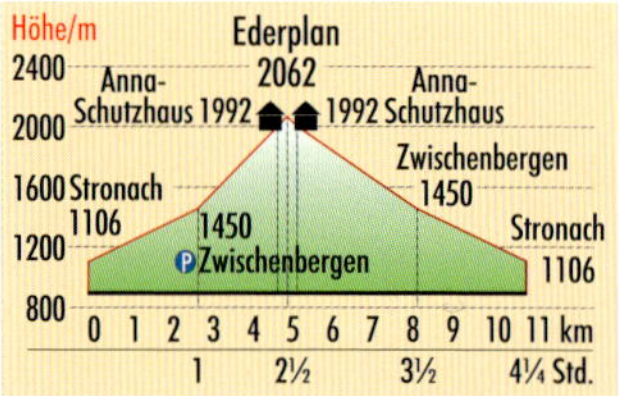

durch bewaldetes Gelände. Der ÖTK-Weg ist etwas bequemer (teils breite Fahrtrasse), der Steig über die Ederalm kürzer und direkter.
Einkehr: Anna-Schutzhaus (Übernachtung).
Karte: KOMPASS Nr. 47 oder 48.

Die Rasenkuppe des Ederplan erhebt sich als westlicher Eckpunkt eines weitläufigen Bergrückens, der topografisch zur Kreuzeckgruppe gehört. Vom großen Heimkehrerkreuz, das den Opfern der Weltkriege gewidmet ist, hat man einen wunderbaren Blick über das Talbecken der Drau, links flankiert von den schroffen Lienzer Dolomiten, rechts von den Ausläufern der Schobergruppe. Die größte Verlockung mag für viele allerdings das urige Anna-Schutzhaus nur wenige Meter unterhalb sein, das der Maler Franz von Defreg-

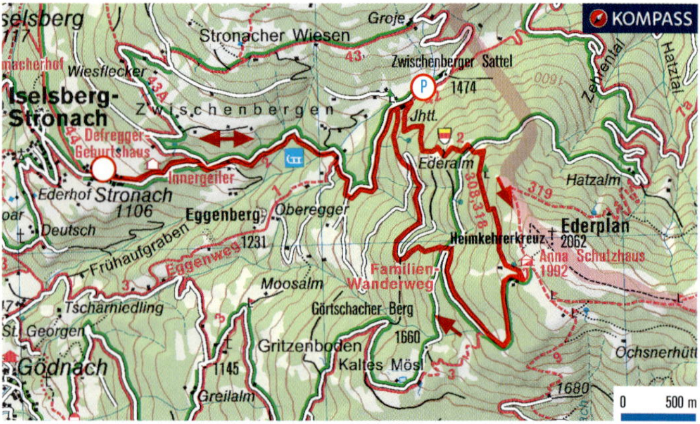

Am Ederplan lädt das rustikale Anna-Schutzhaus zur Einkehr.

ger 1882 für seine Gemahlin Anna baute.
Je nach Belieben können wir unser Auto schon in **Stronach** stehen lassen oder wir berappen vier Euro Gebühr und fahren auf der eintönigen Forststraße bis zum Parkplatz bei der Jagdhütte unweit des **Zwischenberger Sattels** (1474 m) hinauf. Dort beginnt der Normalanstieg zum Anna-Schutzhaus, während der ÖTK-Weg schon ein kurzes Stück davor abzweigt. Wir wählen fürs Bergauf den schmaleren Fußsteig und gewinnen im Wald zügig an Höhe. An der **Ederalm** vorbei geht es zur **Anna-Quelle**, in deren Nähe man auf den **ÖTK-Weg** trifft. Mit den letzten Kehren zum **Anna-Schutzhaus** (1992 m), wo uns nur noch 70 Hm über einen kleineren Pfad vom Heimkehrerkreuz auf dem **Ederplan** trennen.
Der Abstieg kann der Abwechslung halber vollständig auf dem erwähnten ÖTK-Weg verlaufen: teilweise auf gemächlich breiter, fahrbarer Trasse, wobei es zwischendurch aber auch etwas steilere Abkürzungen auf Waldsteigen gibt.

2

Neualplseen, 2438 m

Vom Zettersfeld in die Stille

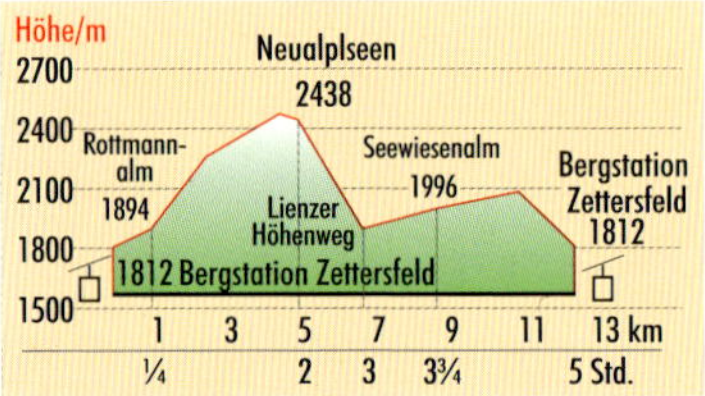

Ausgangspunkt: Zettersfeld, 1812 m, erreichbar von Lienz entweder mit der Seilbahn oder auf einer mautpflichtigen Bergstraße. Per Sessellift auch weiter zum Steinermandl, 2200 m, möglich.
Gehzeit: Neualplseen 2 Std., Einmündung Lienzer Höhenweg 1 Std., Zettersfeld 2 Std.; gesamt 5 Std.
Höhenmeter: Etwa 900 Hm.
Charakter: Prinzipiell unschwierig, häufig aber nur kleine Steige im Mattengelände, unterhalb der Seen zudem recht steil und teils ohne Spur. Am Lienzer Höhenweg kann eine Bachquerung etwas heikel sein. Grundlegende Trittsicherheit erforderlich, konditionell durchschnittlich.
Einkehr: Am Zettersfeld.
Karte: KOMPASS Nr. 48 oder 39.

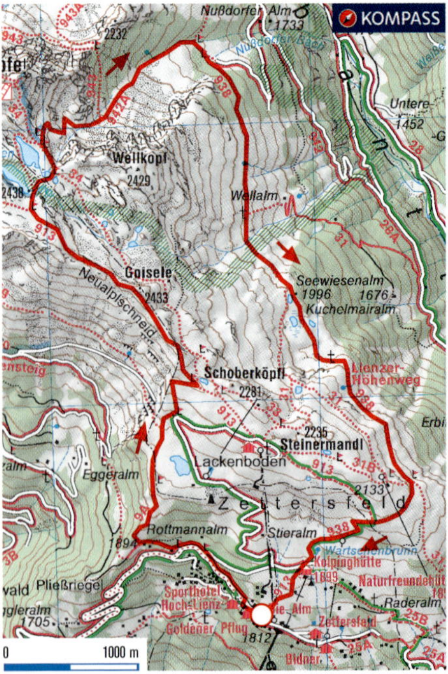

Der weitläufige Südabhang der Schobergruppe trägt das bekannte Zettersfeld, Ski- und Naherholungsgebiet der Lienzer. Ein verzweigtes Wegenetz überspannt die sanften Hochweiden und Bergrücken und schließt bis zur Schleinitz als erstem stattlichen Gipfel auf. An ihrem Fuß verbergen sich die Neualplseen in einer typischen Geländewanne. Man kann sie vom Zettersfeld aus über die Neualplschneid ansteuern und auf einer interessanten Route über den Lienzer Höhenweg wieder zurückkehren.

Blick über den Geländebalkon der Neualplseen.

Von der Zettersfeldstraße zweigt etwa 1 km nordwestlich der Bergstation eine Zufahrt zur nahen **Rottmannalm** (1894 m) ab. Hier folgen wir Bezeichnung 9a zu einem Wiesenrücken hinauf und peilen in nördlicher Richtung die **Neualplschneid** an. Abzweigungen Richtung Alkuser See sowie zur Liftstation am Steinermandl bleiben unberücksichtigt.

Im Kammbereich gemeinsam mit der Route vom Steinermandl (Nr. 913) weiter und via Goisele insgesamt noch leicht ansteigend bis in das kupierte Gelände der **Neualplseen** unterhalb der Schleinitz, wo man sich nach rechts wendet. Es ist auch ein kleiner Seen-Rundweg ausgewiesen (knapp 30 Minuten zusätzlich).

Von der ostseitigen Karschwelle, wo eine Markierung zum Sattelkopf abzweigt, begeben wir uns mit Nr. 942A in die steileren Hänge über dem Debanttal hinab. Da der Steig in diesem Abschnitt dürftig ist, achte man besonders gut auf die Markierung. Durch die grasige Hangmulde absteigend stoßen wir in ca. 1900 m Höhe (oberhalb der Nußdorfer Alm) auf den quer verlaufenden **Lienzer Höhenweg** (Nr. 938). Auf diesem nach rechts durch Strauchwerk wieder leicht aufwärts queren und später durch freie Almhänge. Man lässt die Wellalm unterhalb liegen, überschreitet kurz darauf einen stärkeren Bach und gewinnt die kleine Anhöhe mit der **Seewiesenalm** (1996 m). Dahinter liegt ein verschilftes Seeauge.

Anschließend weiter quer durch die Flanken, dabei im Rechtsbogen um mehrere seichte Rücken noch leicht ansteigend und schließlich über die Wiesen des **Zettersfeldes** schräg abwärts zum Ausgangspunkt.

Wangenitzseehütte – Lienzer Hütte

Über das Kreuzseeschartl

Ausgangspunkt: Parkplatz Seichenbrunn, 1668 m, im Debanttal; Zufahrt von Nußdorf-Debant im Drautal, zuletzt geschottert.
Gehzeit: Wangenitzseehütte 2¾ Std., Kreuzseeschartl 1 Std., Lienzer Hütte 2½ Std., Seichenbrunn ¾ Std.; gesamt 7 Std.
Höhenmeter: Etwa 1250 Hm
Charakter: Über das Kreuzseeschartl hochalpine Steiganlage, die oft abschüssiges Geschröf quert, stellenweise versichert. Gute Trittsicherheit unerlässlich. Bergweg zur Wangenitzseehütte leichter, Schlussabstieg auf Fahrweg.

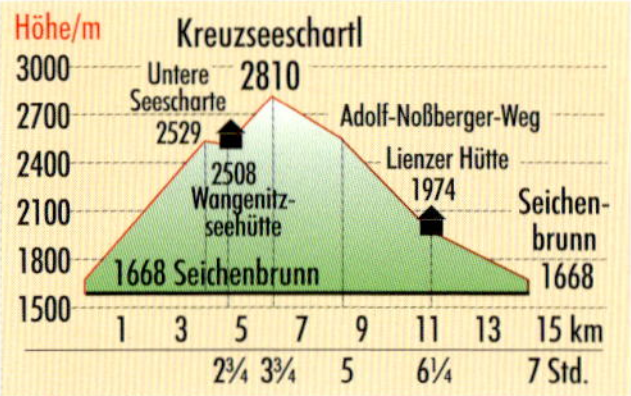

Einkehr: Wangenitzseehütte, Lienzer Hütte (beide Übernachtung).
Karte: KOMPASS Nr. 48 oder 39.

Mit dieser recht anspruchsvollen Wanderung, die keinen Gipfel berührt, aber doch auf knapp über 2800 Meter Höhe hinaufführt, verschaffen wir uns einen guten Eindruck vom Wesen der Schobergruppe. Es ist ein Gebiet herber Urgesteinsberge, jedoch nicht ohne liebliche Flecken, wie sie sich vor allem an den zahlreichen Seen offenbaren. Der Wangenitzsee ist der größte der Gruppe, deren Herz gewiss in der Arena des hinteren Debanttals schlägt.

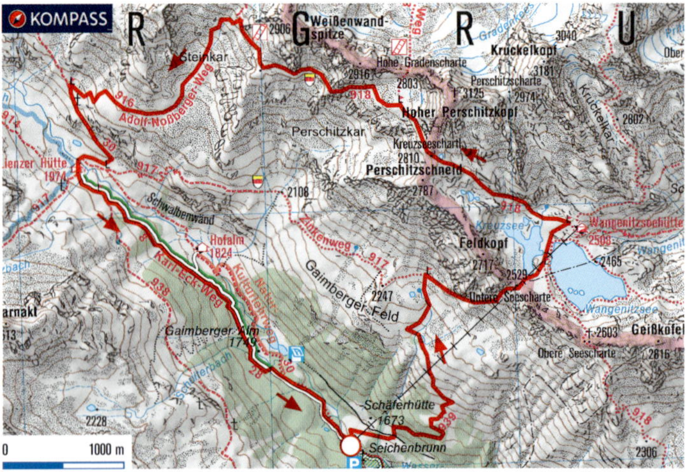

Am Kreuzseeschartl unterhalb des Hohen Perschitzkopfes.

Gleich hinter dem Parkplatz **Seichenbrunn** geht es nach rechts über die Brücke und an den anfangs noch bewaldeten Talflanken aufwärts. Man steigt erst etwas rechts haltend an, später in Serpentinen weit nach links. Eine Querung auf einem Hangabsatz führt an einem Almhüttchen vorbei (ca. 2100 m). Oberhalb mündet unsere Route in den **Zinkeweg** (Nr. 917), dem wir unter steilen Felsen nach rechts folgen, um in engen Kehren das letzte Stück zur **Unteren Seescharte** (2529 m, auch von der Materialseilbahn überspannt) hochzusteigen.

Jenseits, schon auf Kärntner Boden, kurz abwärts und zwischen Kreuzsee und Wangenitzsee hindurch zur leicht erhöht gelegenen **Wangenitzseehütte** (2508 m).

Knapp nördlich der Hütte nehmen wir mit Nr. 918 den **Ferdinand-Koza-Steig** auf. Dieser steilt oberhalb des Kreuzsees merklich auf, wird auch zunehmend felsiger, bleibt aber – an einer ulkigen Ansammlung von Steinmännern vorbei – bis zum **Kreuzseeschartl** (2810 m) noch unschwierig. Erst dahinter geht es in deutlich ausgesetztere Flanken hinein. Abwechselnd leicht auf und ab, werden der Abzweig zur Hohen Gradenscharte (Übergang zur Noßberger-Hütte) passiert, das **Perschitzkar** durchmessen und im weiteren Verlauf noch diverse Rippen bzw. Geländeschultern überstiegen. Dabei sind einige besonders abschüssige Passagen gesichert.

Oberhalb des **Steinkars** mündet der Ferdinand-Koza-Steig in den **Adolf-Noßberger-Weg**, der die Lienzer Hütte mit der Noßberger-Hütte über die Niedere Gradenscharte verbindet. Wir steigen in die Blockmulde ab, weichen im Bereich der Trogschulter nach rechts aus und stoßen dort auf den **Elberfelder Weg**. Mit ihm in die Talsohle und über den Debantbach hinweg zur **Lienzer Hütte** (1974 m). Zuletzt am schnellsten über den Fahrweg, etwas langwieriger über den Natur-Kultur-Lehrweg talauswärts zum Parkplatz **Seichenbrunn**.

Alkuser See, 2432 m

Einer der schönsten Bergseen

Ausgangspunkt: Oberalkus, 1284 m; Zufahrt auf guter Bergstraße von Ainet im Iseltal.
Gehzeit: Aufstieg 3½ Std., Abstieg 2¼ Std.; gesamt 5¾ Std.
Höhenmeter: 1150 Hm.
Charakter: Leichte Bergwander- und Almgüterwege, aber mit nicht zu unterschätzendem Anstiegspensum. Daher Ausdauer wichtig.
Einkehr: Keine.

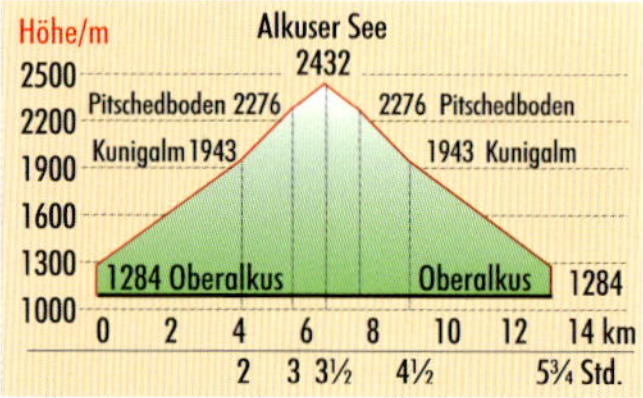

Karte: KOMPASS Nr. 48, 46 oder 39.

»Einer der schönsten Bergseen«, verkündet eine Tafel am Alkuser See. Was man ja mit eigenen Augen sieht! Gilt die Schobergruppe generell schon als kaum überlaufen, so gehören die Hochkare zwischen Schleinitz und Prijakt zu den besonders einsamen Gefilden. Wer dafür ein Faible besitzt, sollte zumindest einen langen Anstieg nicht scheuen, wenngleich dieser keine Schwierigkeiten aufweist. Garantiert ist es ein magischer Augenblick, wenn man endlich die Karschwelle überschreitet und plötzlich der See vor einem liegt ...

In **Oberalkus**, einem kleinen, verträumten Weiler hoch über dem Iseltal, beginnen wir die Wanderung auf einer Forststraße, bis der so genannte »alte Weg« (Nr. 2) nach rechts abzweigt. Nun über

Der Alkuser See ist ein Kleinod in der Schobergruppe.

Waldweiden zur **Raggeralm**, kurzzeitig wieder auf der Versorgungsstraße und bei einer Gabelung am besten geradeaus zur **Kunigalm** (Untere Alkuser Alm, 1943 m). Man könnte allerdings auch weiter den Kehren des breiten Fahrweges folgen (etwas länger). So oder so gelangen wir über die Schwelle zum **Pitschedboden**, einer ausgedehnten Ebene, die von einem mäandrierenden Bach durchzogen wird. Wir durchmessen das Feuchtgebiet auf der rechten Seite, überschreiten einen Bach und steigen unmittelbar links davon über den letzten Hang zum **Alkuser See** an. Auf der kleinen Anhöhe über der südlichen Bucht findet man ein besonders reizvolles Plätzchen. Zurück geht es auf dem gleichen Weg.

Hochschober, 3242 m

Ein Osttiroler Parade-Dreitausender

Ausgangspunkt: Wanderparkplatz bei der Brücke über den Leibnitzbach, 1656 m; Zufahrt über die Straße nach Oberleibnig sowie holprige Forstwege.
Gehzeit: Hochschoberhütte 2 Std., Hochschober über Staniskascharte 3 Std., Abstieg zur Hütte über Leibnitztörl 2½ Std., zum Parkplatz 1¼ Std.; gesamt 8¾ Std.
Höhenmeter: 1600 Hm, ab Hütte 920 Hm.
Charakter: Hochalpine Steige, im Gipfelbereich mit leichter Kletterei (I. Grad) und außer dem typischen Schutt- und Blockterrain je nach Verhältnissen auch Passagen im Schnee (gegebenenfalls Pickel oder Steigeisen nützlich). Entsprechend schon Hochtourencharakter, obgleich markiert.

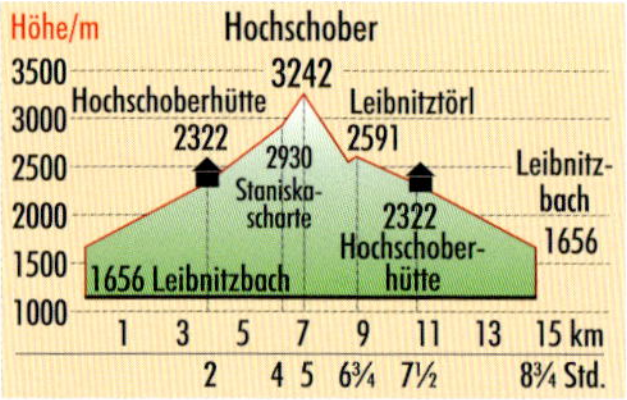

Trittsicherheit und Schwindelfreiheit obligatorisch, dazu eine gewisse Akklimatisierung sowie im Rahmen einer Tagestour gute Kondition notwendig.
Einkehr: Hochschoberhütte (Übernachtung).
Karte: KOMPASS Nr. 48, 39 oder 46.

Der Hochschober ist zwar nicht ganz der höchste, aber der namensgebende und wohl bekannteste Gipfel der urtümlichen Schobergruppe, die sich südlich des Glockners mit mehr als fünfzig zumeist schroffen Dreitausendern aufbaut. Nordseitig noch mit einer Eiswand geschmückt, lassen sich bergerfahrene Wanderer jedoch nicht von seinem hochalpinen Antlitz abschrecken. Denn von Süden verspricht der Hochschober eine elegante Überschreitungsmöglichkeit, die bei guten Bedingungen frei von tückischen Hindernissen ist, und vom Gipfel eine phänomenale Rundschau über die Bergwelt Osttirols und Kärntens, ja bei klarer Sicht sogar weit darüber hinaus!

Links der Brücke nehmen wir den **Eduard-Jordan-Weg**, der durch das Leibnitztal aufwärts zieht und dabei noch mehrere Male den Bach überschreitet. Alternativ kann man auch der Forststraße folgen; ab **Leibnitzalm** (1908 m) besteht dann gemeinsamer Verlauf. Man wandert durch letzte Waldbestände mit Alpenrosenfeldern in den freien Bergkessel, passiert einen Bildstock und holt deutlich nach rechts aus, um dort den Steilriegel hinauf zur **Hochschoberhütte** (2322 m) zu überwinden.
Die Gipfelroute beginnt im weiten Kar zunächst nordwärts zur nahen Bachsenke und leitet an einem ersten Geländewall aufwärts. An der Mulde mit der **Schober-**

Gipfelschau über die Kämme der Deferegger Alpen bis in die Dolomiten.

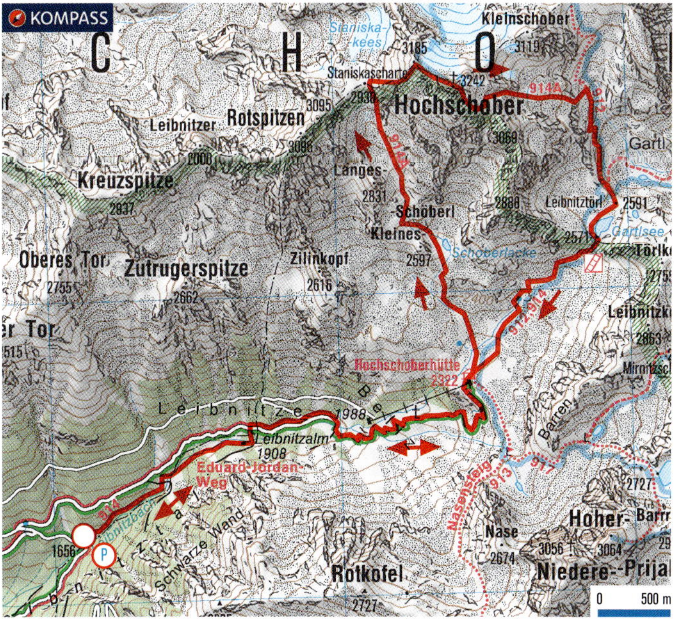

Am blockigen Hochschober-Südostgrat, knapp unterhalb des Gipfels.

lacke gehen wir links vorbei, an den Aufbauten des Kleinen und Langen Schöberl hingegen rechts und verlieren dabei im Kar allmählich das letzte Grün. Richtung **Staniskascharte** (2930 m) wird

Die Hochschoberhütte mit ihrem Hausberg rechts im Hintergrund

Die Nordflanke des Hochschobers zeigt sich eisgepanzert

es zunehmend steiler, wobei sich in dem Hang oft noch Altschneereste halten (ansonsten nutzt man rutschige Spuren im Blockschutt). Aus der breiten Scharte rechts an den felsigen Grataufbau horan. Steil, aber weiterhin oft steigähnlich und nur an vereinzelten Stellen etwas Kletterei erfordernd leitet die Route knapp rechts an P. 3185 vorbei zu einem flachen Gratabschnitt und schließlich über die finale Steilstufe von Nordwesten zum Gipfel des **Hochschobers**. Der blockige **Südostgrat** gibt anschließend die Abstiegslinie vor. Einzelne Kletterstellen sind auch hier zu meistern. Bald wird die Schneide jedoch nach links in die Ostflanke verlassen (Markierung beachten). Über eine Verflachung geht es in eine Schutt- oder Schneerinne hinein und an deren linken Rand tiefer. Am Auslauf erwartet uns eine Art Plateau, bevor die Steigspur über eine weitere Hangstufe in den Schobertörlweg mündet.

Zuerst noch leicht absteigend, hält man sich an der Verzweigung rechts und gewinnt in kurzem Gegenanstieg das **Östliche Leibnitztörl** (2591 m), wo man plötzlich vor dem **Gartlsee** steht. Er füllt eine Blockwanne hinüber zum **Westlichen Leibnitztörl** (2571 m), von dem schließlich der Abstieg zurück zur Hütte erfolgt. Dabei ist anfangs eine Felsplatte mit zehn Eisenkrampen entschärft, bevor der Steig leichter auf den begrünten Karboden hinunterläuft und flach die **Hochschoberhütte** ansteuert. Von dort wieder über den Eduard-Jordan-Weg zum Startpunkt der Tour.

6

Schönleitenspitze, 2809 m

Zwischen Großglockner und Hochschober

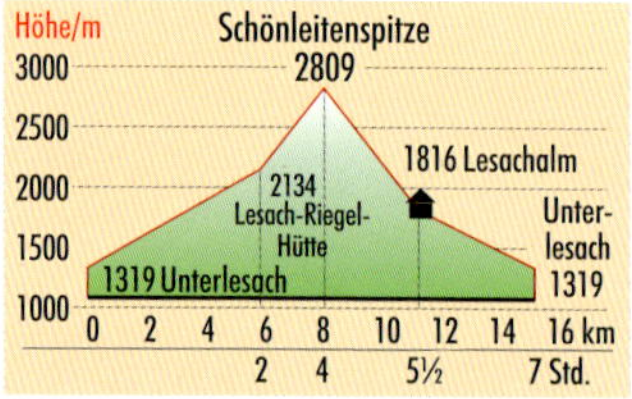

Ausgangspunkt: Entweder im Ortsbereich von Unterlesach, 1319 m, oder beim letzten (kostenpflichtigen) Parkplatz in Oberlesach, ca. 1450 m; Anfahrt durchs Kalser Tal.
Gehzeit: Lesach-Riegel-Hütte 2 Std., Schönleitenspitze 2 Std., Lesachalm 1½ Std., Lesach 1½ Std.; gesamt 7 Std.
Höhenmeter: 1360 bzw. 1490 Hm.
Charakter: Meist schmale und spärliche Bergsteige im alpinen Mattengelände, nur am obersten Westgrat ein paar Meter felsig. Neben Trittsicherheit hauptsächlich gute Kondition nötig.
Einkehr: Lesachalm (Übernachtung), Lesach-Riegel-Hütte zuletzt geschlossen.
Karte: KOMPASS Nr. 48, 39 oder 46.

Mit großartigen Aussichtspunkten ist Osttirol gewiss reich gesegnet, doch liegen manche Gipfel so ideal, dass ihnen besondere Aufmerksamkeit gebühren sollte. Das gilt zum Beispiel für die Schönleitenspitze über dem Kalser Tal, von der man einerseits den Großglockner samt Trabanten ins Visier nimmt und zur anderen Seite die beeindruckende Nordfront der Schobergruppe mit Hochschober, Ganot,

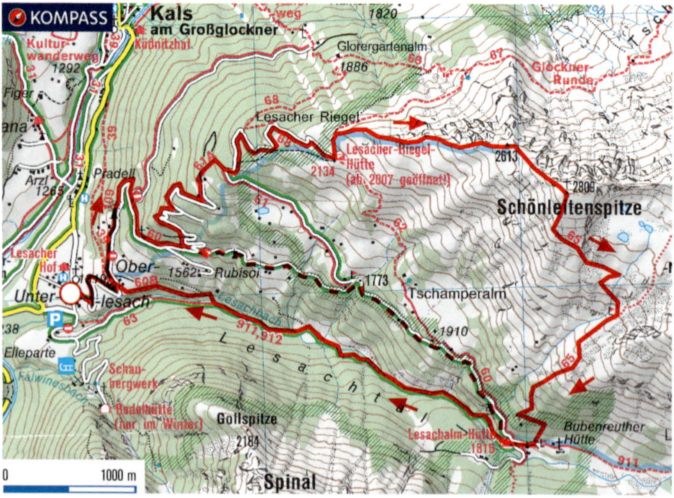

Die Lesach-Riegel-Hütte vor den Nordwestausläufern des Hochschobers.

Glödis und Rotem Knopf bewundert. Dieses zweigeteilte Panorama hat schon der Aufstieg am lang gestreckten Westrücken (Lesacher Riegel) in petto, während sich mit dem Abstieg nach Süden die perfekte Rundtour ergibt.

Beim letzten Anwesen von **Oberlesach** geht das Asphaltband in einen geschotterten Fahrweg über, der nun längere Zeit durch dichten Bergwald aufwärts zieht. Bei einer Gabelung links und in vielen Serpentinen zur idyllisch an der Waldgrenze gelegenen **Lesach-Riegel-Hütte** (2134 m). Kurz darauf betritt man am **Lesacher Riegel** den weit abstreichenden Westrücken der Schönleitenspitze mit seiner bemerkenswerten Aussicht. Auf kleinem Wiesenpfad nun lange unschwierig bergauf. Man lässt die markante Schulter P. 2613 hinter sich und hat in den Gipfelschrofen noch ein wenig Kraxelei zu bestehen, bevor man am Kreuz der **Schönleitenspitze** anschlägt.

Der Abstieg führt – ebenfalls ausreichend markiert – direkt über die steindurchsetzten südseitigen Mattenhänge. Bald einmal orientiert man sich nach links, weicht damit einer steileren Hangpartie geschickt aus und gelangt mit vielen kleinen Windungen wieder in die Waldzone. Der schmale Pfad läuft im Lesachtal aus, wo rechter Hand in Kürze die bewirtschaftete **Lesachalmhütte** (1816 m) erreicht wird. Talauswärts bietet sich entweder der holprige Bachweg oder die längere, aber zeitweilig aussichtsreichere Erschließungsstraße an (hier passiert man ein sehenswertes Kapellchen).

7

Lucknerhütte – Glorer Hütte, 2651 m

Im Ködnitztal

Ausgangspunkt: Lucknerhaus, 1948 m, Parkplatz am Ende der mautpflichtigen Kalser Glocknerstraße.
Gehzeit: Lucknerhütte 1 Std., Übergang Glorer Hütte 3 Std., Abstieg Lucknerhaus 1½ Std.; gesamt 5½ Std.
Höhenmeter: Etwa 800 Hm.
Charakter: Alpine Verbindungsroute zwischen den Hütten, besonders zwischen Pfortscharte und Medelspitze erfordern ausgesetzte Traversen durch brüchiges und abschüssiges Gelände solide Trittsicherheit (einige Sicherungen). Vorsicht, falls Schnee in den Rinnen. Die normalen Hüttenwege sind dagegen leicht. Durchschnittliche Tagestour.
Einkehr: Lucknerhaus, Lucknerhütte, Glorer Hütte (alle Übernachtung).
Karte: KOMPASS Nr. 48, 46 oder 39.

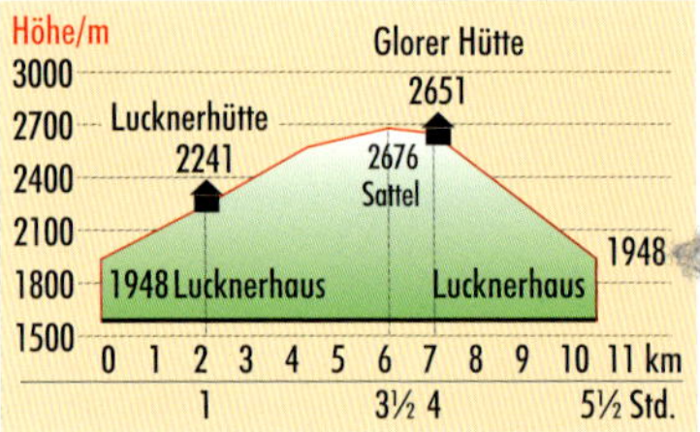

Das Ködnitztal schließt als hochalpine Verlängerung des Kalser Tals direkt zum Großglockner, dem höchsten Berg Österreichs, auf. Verzweigte Wege zu mehreren Hütten locken hier ein breites Wanderpublikum an. Die vorgestellte Route an der östlichen Talseite verlangt schon eine Portion Standfestigkeit in heiklen Bratschen, schenkt aber im Gegenzug tolle Impressionen aus dem Reich des Glockners und seiner Trabanten.

Vom hotelartigen **Lucknerhaus** folgen wir der breiten Trasse oder dem kleineren Steig auf der rechten Bachseite ins **Ködnitztal**

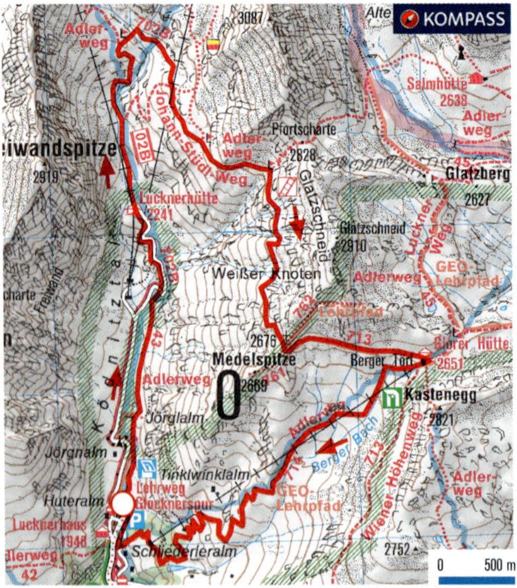

Im Ködnitztal sind die Blicke zum Großglockner gerichtet.

hinein. Schon nach einer Gehstunde wird mit einigen Windungen rechts am Hang die **Lucknerhütte** (2241 m) erreicht. Dahinter vorerst mäßig steil weiter, bis ein kleiner Talriegel dem Steig wieder einige Kehren aufnötigt. Oberhalb dieser Stufe nimmt der Hauptweg halblinks weiter Kurs auf die Stüdlhütte, während wir nach rechts abzweigen und in Kürze einige Bachläufe überschreiten. Damit dreht man quasi in die entgegengesetzte Richtung ein und quert schräg aufwärts bis zur Verbindung mit dem Steig, der von der Stüdlhütte durch die Moränen herüberkommt.

Um eine markante Geländerippe herum helfen erste Drahtseile. Wenig später zweigt in der steilen Hangmulde unterhalb der **Pfortscharte** (2828 m) die Route zur Salmhütte ab. Wir bleiben diesseits über dem Ködnitztal, wo nun die spannendsten Passagen anstehen. In dem durch Rinnen, Rippen und Bratschengestein stark gegliederten Terrain geht es stets leicht auf und ab quer durch die abschüssigen Flanken (mehrmals Sicherungen).

Schließlich übersteigt man den Kammsattel (P. 2676) unweit der **Medelspitze** und quert unschwierig hinüber zur **Glorer Hütte** (2651 m) im Berger Törl.

Der Abstieg erfolgt südwestwärts durch den seichten Taleinschnitt des Berger Bachs, überwiegend auf der rechten Seite. Zuerst eine Weile gerade, dann in weit ausholenden Kehren und auf einen breiten Karrenweg einmündend. Am Schluss dreht man nach rechts zum **Lucknerhaus** ab.

Figerhorn, 2743 m

1a-Glocknerblick

Ausgangspunkt: Lucknerhaus, 1948 m, Parkplatz am Ende der mautpflichtigen Kalser Glocknerstraße.
Gehzeit: Aufstieg 2½ Std., Abstieg 1½ Std.; gesamt 4 Std.
Höhenmeter: 800 Hm.
Charakter: Schmaler, aber gutmütiger Wiesensteig. Mit elementarer Trittsicherheit problemlos zu begehen, nur bei Nässe eventuell unangenehm rutschig. Auch konditionell moderate Tour.

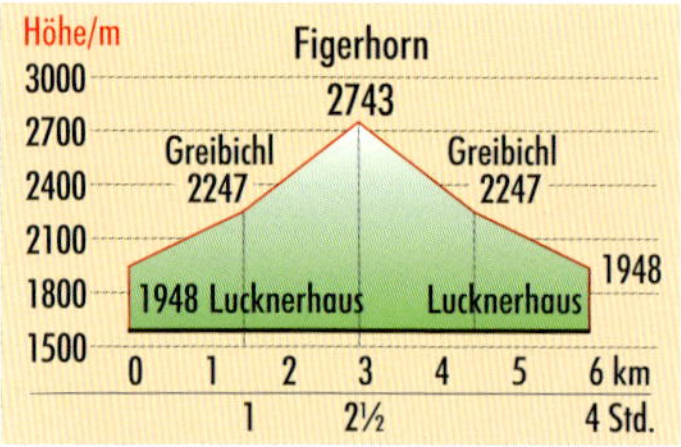

Einkehr: Lucknerhaus (Übernachtung).
Karte: KOMPASS Nr. 48, 46 oder 39.

Das Figerhorn ist in der mächtigen Glocknergruppe im Grunde nur ein untergeordneter Gipfel. Wer den höchsten Berg Österreichs aber einmal aus einer Idealperspektive bewundern möchte, sollte sich diesen Namen merken. Aufgrund morscher Felsflanken, die gegen das Ködnitztal abbrechen, weichen wir beim Anstieg in die eher harmlose südliche Wiesenabdachung aus, wo der nach

Figerhorn und Freiwandspitze flankieren das Ködnitztal.

Der Großglockner, wie man ihn vom Figerhorn aus sieht.

einem ehemaligen Tiroler Landeshauptmann benannte Wendelin-Weingartner-Weg hinaufleitet. Direkt beim **Lucknerhaus** führt der **Wendelin-Weingartner-Weg** in das Grünerlengehölz hinein, das aber bald durchdrungen ist. Oberhalb einer kleinen Geländestufe betreten wir die Greiwiesen und ziehen in westlicher Richtung an einem großen Felsblock vorbei schräg aufwärts. Wenige Meter vor dem **Greibichl** (2247 m, schöner Rastpunkt), wo auch ein Zugang vom Weiler Burg im Kalser Tal dazukommt, dreht unser Wiesenpfad scharf rechts ab und schlängelt sich weiter gipfelwärts. Die Neigung nimmt dabei allmählich zu. Man stößt schließlich auf den Westgrat und folgt diesem das letzte Stück bis zur kreuzgeschmückten Spitze des **Figerhorns**.

Den Abstieg nehmen wir auf dem gleichen Weg.

9

Stüdlhütte, 2802 m

Durchs Teischnitztal

Ausgangspunkt: Parkplatz Teischnitztal, ca. 1600 m; Zufahrt von Kals Richtung Moaalm.
Gehzeit: Aufstieg 3½ Std., Abstieg 2 Std., gesamt 5½ Std.
Höhenmeter: 1200 Hm.
Charakter: Ordentlicher Bergweg, bei guten, schneefreien Verhältnissen mit etwas Trittsicherheit problemlos zu begehen. Zu beachten ist der Höhenunterschied, Ausdauer erforderlich.

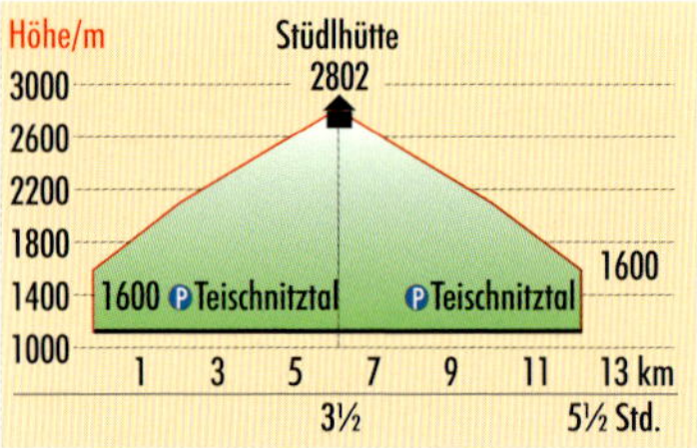

Einkehr: Stüdlhütte (Übernachtung).
Karte: KOMPASS Nr. 46, 48 oder 39.

Die Stüdlhütte dient als wichtiger Stützpunkt für eine Besteigung des Großglockners von Kalser Seite aus, längst der meistgewählte Anstieg zum »Top of Austria«. Sie ist vor einigen Jahren in modernem Stil vollkommen neu errichtet worden; ihr Name, der auch am anspruchsvollen Stüdlgrat des Glockners erscheint, er-

Alpiner Stützpunkt: die Stüdlhütte.

innert an Johann Stüdl, Bergpionier des 19. Jahrhunderts und einer der Gründerväter des Deutschen Alpenvereins. Auch reine Wanderer kommen zahlreich zur Stüdlhütte hinauf, um sich von der Aura des »Tauernfürstes« gefangen nehmen zu lassen, doch ist für sie im Nahbereich der Gletscher freilich Endstation. An dieser Stelle sei der längere, aber stillere Zugang durchs Teischnitztal empfohlen – wer durchs Ködnitztal auf- oder absteigen möchte, vergleiche dazu auch Tour 7.

Von der Bergstraße zur Moaalm zweigt kurz vor dem Teischnitzbach rechter Hand ein Fahrweg in das anfangs klammartige eingetiefte **Teischnitztal** ab. Einige Kehren lassen sich auch abkürzen, bevor man auf ca. 2100 m, oberhalb der Waldgrenze, endgültig den nach rechts aufwärts ziehenden **Herrensteig** (Nr. 712) benutzt und sich weiter von der Talsohle entfernt. Nach Querung mehrerer Rinnen setzen wir den Aufstieg unterhalb der **Langen Wand** fort. Die Umgebung wird immer rauer und karger, bis wir nach »endloser« Aufwärtstraverse durch die westseitigen Flanken schließlich die breite **Fanatscharte** mit der **Stüdlhütte** erreichen.

Der Abstieg erfolgt entweder auf dem gleichen Weg oder auf der anderen Seite der Fanatscharte ins **Ködnitztal**. Die viel begangene Route leitet via **Lucknerhütte** (2241 m) zum Lucknerhaus (1948 m) am Ende der Kalser Glocknerstraße, wo man in den Bus nach Kals steigen kann. Bei diesem Vorgehen wird man ohnehin die öffentlichen Verkehrsmittel nutzen und morgens bei der Bushaltestelle **Taurerwirt** (1489 m) starten; der Zeitbedarf bleibt etwa gleich.

Dorfer See, 1935 m

Im Tal, das fast ertrunken wäre

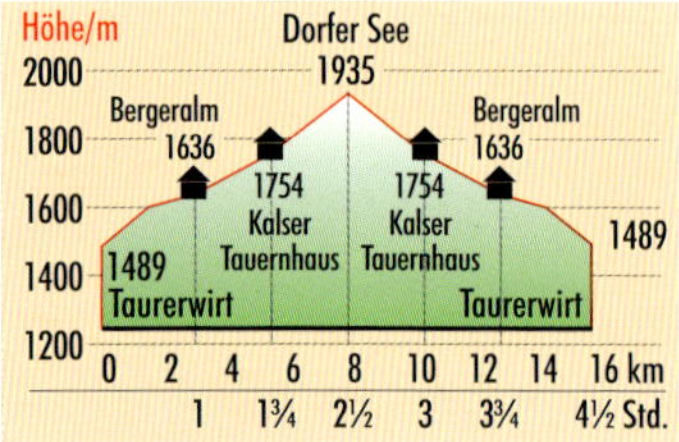

Ausgangspunkt: Parkplatz am Ausgang der Daberklamm, gleich hinter dem Taurerwirt in Spöttling, 1489 m; Fahrstraße von Kals.
Gehzeit: Hinweg 2½ Std., Rückweg 2 Std.; gesamt 4½ Std.
Höhenmeter: Etwa 450 Hm.
Charakter: Leichte Talwanderung; die meiste Zeit breiter, kaum ansteigender Fahrweg, im letzten Teilstück etwas holpriger Steig. Bei 8 km für eine Strecke ist etwas Gehtüchtigkeit gefragt, sonst keine Anforderungen.
Einkehr: Kalser Tauernhaus (Übernachtung), Bergeralm.
Karte: KOMPASS Nr. 46 oder 39.

Es ist ein großes Glück, dass wir heute im Dorfer Tal zuhinterst Kals noch in einem ursprünglichen, einst von Gletschern ausgeformten Tauerntrog wandern können. Vor Jahren hatte nämlich schon die Energiewirtschaft ein Auge darauf geworfen und wollte einen riesigen Speichersee errichten. Das Projekt scheiterte nicht zuletzt am Widerstand – und inzwischen hat das Dorfer Tal Nationalparkstatus erhalten. Mit der Daberklamm am Ausgang und dem Dorfer See in innersten Talwinkel besitzt es zwei landschaftliche Besonderheiten, zwischendrin kilometerweite fla-

Die Bäche im Dorfer Tal dürfen weiterhin natürlich rauschen.

che Almböden und Waldparzellen, die, eingefasst von steilen Trogflanken, eine überaus malerische Szenerie abgeben.
Den furiosen Auftakt gleich hinter dem Taurerwirt macht also die tosende **Daberklamm**, über der unser Weg (Nr. 711) rechtsseitig entlangführt. Die Urkräfte des Wassers haben sie in beständiger Kleinarbeit aus dem Fels gefräst. Nach gut 20 Minuten verlassen wir die Enge und gelangen in das sich öffnende Hochtal. Auch der Dorfer Bach präsentiert sich hier nicht wild und ungestüm, sondern plätschert ruhig dahin. In praktisch geradlinigem und ebenem Verlauf passieren wir die Jausenstation **Bergeralm** (1636 m, kurzer Stichweg auf die andere Bachseite). Weiter Richtung Norden stehen in Abständen alte, urige Almhütten Spalier, ehe wir nach insgesamt rund 1½ Std. das **Kalser Tauernhaus** (1754 m) erreichen. Bald darauf geht die breite Trasse in einen Wanderpfad über, der nun auch spürbar ansteigt. Man durchmisst ein urwüchsiges Waldstück und danach das chaotische Blockgelände, welches den Wall des **Dorfer Sees** bildet. Über die Geländeschwelle tretend erblicken wir erstmals dieses Kleinod und erkennen auch die Fortsetzung des Steiges Richtung Kalser Tauern, Übergang zur Rudolfshütte im Salzburger Land. Für uns ist am Dorfer See allerdings der Umkehrpunkt, zumal ja talauswärts nochmals 8 km Wegstrecke bevorstehen.

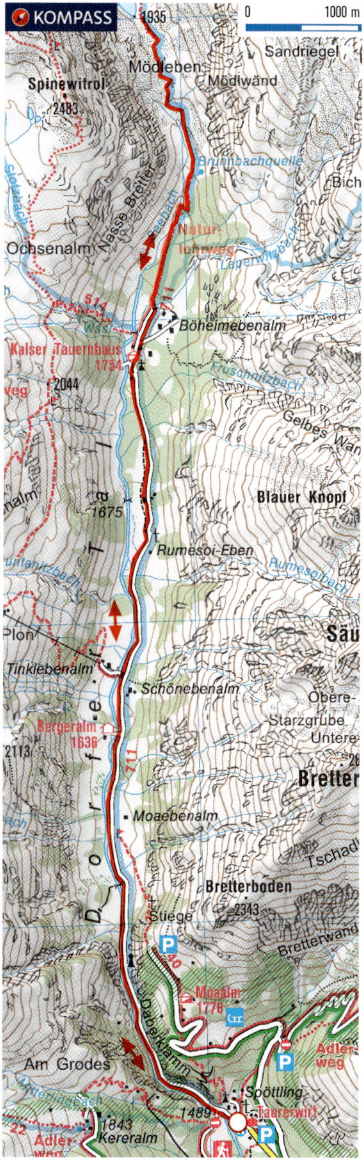

Blauspitz, 2575 m

Hinauf oder rundherum

Ausgangspunkt: Bergstation des Blauspitz-Sessellifts, 2305 m, von Kals-Großdorf.
Gehzeit: Blauspitz über Weißen Knopf 1 Std., Abstieg 1 Std.; gesamt 2 Std.
Höhenmeter: Gut 400 Hm.
Charakter: Im Gipfelbereich etwas ausgesetztes Felsgelände, das Trittsicherheit und Schwindelfreiheit verlangt. Leichte Kraxelpassagen teils durch Drahtseile entschärft. Konditionell hingegen harmlos.

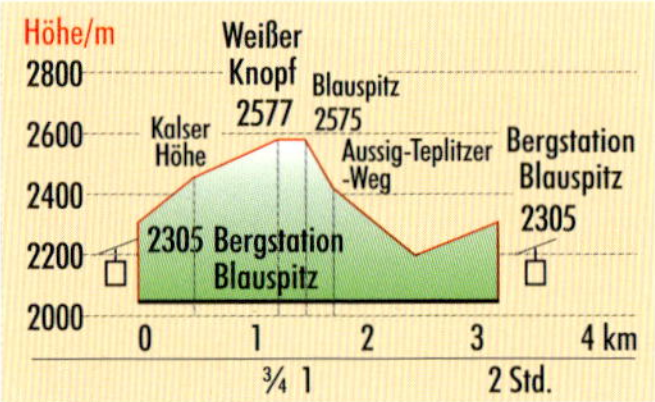

Einkehr: Bergstation Blauspitz.
Karte: KOMPASS Nr. 46, 48 oder 39.

Der Blauspitz, markanter Felszahn westlich über Kals, ist einer der besten Aussichtspunkte in der Umgebung des Großglockners, mit Liftunterstützung zudem in einer Art Spritztour zu erreichen. Doch allzu simpel ist das Unterfangen nicht, muss man sich doch sicher in nicht ganz zuverlässigem Felsterrain bewegen (speziell wer sich die Überschreitung des benachbarten Weißen Knopfes vornimmt). Wesentlich anspruchsvoller noch sind der nagelneue Klettersteig am Südabbruch des Blauspitz sowie der Felsklassiker über den Ostgrat, eine Tour im IV. Grad. Vom Panorama, das fast die gesamte Osttiroler Bergwelt versammelt, wird indessen jeder be-

Der Anstieg über den Weißen Knopf führt durch eine bizarre Felsszenerie; links die Vordere Kendlspitze.

geistert sein, egal über welchen Weg man heraufgekommen ist. Von der Bergstation in der Karmulde südlich des Gipfels geht es zuerst gegen die **Kalser Höhe** (2434 m) hinauf. Bei der nächsten Gabelung etwas höher bleiben wir am Kamm, passieren einen Vorgipfel und steigen aus der folgenden Scharte über bizarr brüchiges Terrain etwas verwickelt zum **Weißen Knopf** (2577 m) an. Im Übergang zum **Blauspitz** folgen wir dem blockigen Grat ostwärts und gewinnen den Gipfel auf den letzten Metern gemeinsam mit dem Normalweg.

Im Abstieg kurz zurück, dann aber nicht über die Felsrippe nach links zum Weißen Knopf, sondern im Zickzack entlang eines nordostseitig abstreichenden Rückens bis zur Einmündung in den **Aussig-Teplitzer-Weg**. Auf diesem wandern wir mit Höhenverlust im Bogen um die Ostseite des Blauspitz herum und müssen zur Bergstation am Ende wieder etwas ansteigen.

Rund um den Blauspitz

Eine andere reizvolle Tourenmöglichkeit ergibt sich mit der Umrundung des gesamten Felsaufbaus. Dazu wendet man sich nach dem Anstieg zur Kalser Höhe in die steile, grasige Westflanke und folgt dort ein Stück dem Sudetendeutschen Höhenweg bis zum Hohen Tor (2477 m), dem nächsten Kammsattel im Norden. Hier scharf rechts auf den Aussig-Teplitzer-Weg abbiegen und quer durch die bröselige Nordflanke zu jener Rippe, wo der Blauspitz-Normalweg dazukommt. Man schließt die Runde wie oben beschrieben; Gehzeit 2½ Std.

Sudetendeutscher Höhenweg

Durch die Südliche Granatspitzgruppe

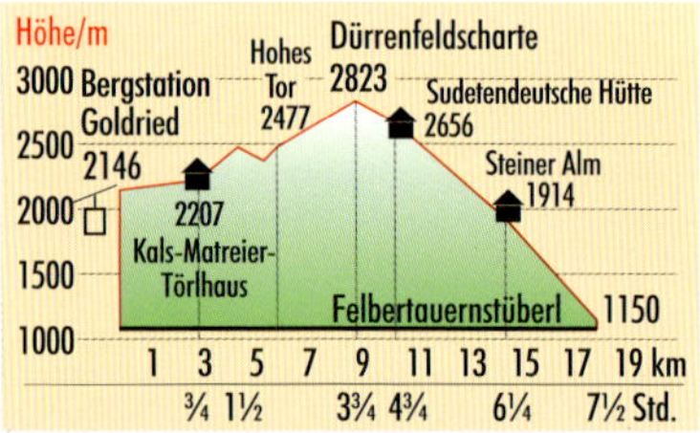

Ausgangspunkt: Bergstation Goldried, 2146 m, der Matreier Bergbahnen; Talstation südlich des Ortes.
Endpunkt: Felbertauernstüberl, 1150 m, an der Felbertauernstraße nördlich von Matrei; Bushaltestelle.
Gehzeit: Kals-Matreier Törl ¾ Std., Hohes Tor 1½ Std., Dürrenfeldscharte 1½ Std., Sudetendeutsche Hütte 1 Std., Steiner Alm 1½ Std., Felbertauernstüberl 1¼ Std.; gesamt 7½ Std.
Höhenmeter: Etwa 900 Hm Aufstieg, 1900 Hm Abstieg.
Charakter: Alpiner Höhenweg durch unterschiedliches Gelände (Gras, Schutt und Bratschen, mitunter Schneefelder). Gesicherte Schlüsselpassage nördlich der Dürrenfeldscharte. Talabstieg unschwierig, aber lang. Trittsicherheit und gute Kondition wichtig.
Einkehr: Bergstation Goldried, Kals-Matreier-Törlhaus (Übernachtung), Sudetendeutsche Hütte (Übernachtung), Steiner Alm, Felbertauernstüberl.
Karte: KOMPASS Nr. 46, 48 oder 39.

Ein Panoramaweg par excellence! Links der Gipfelaufbau des Rotenkogels.

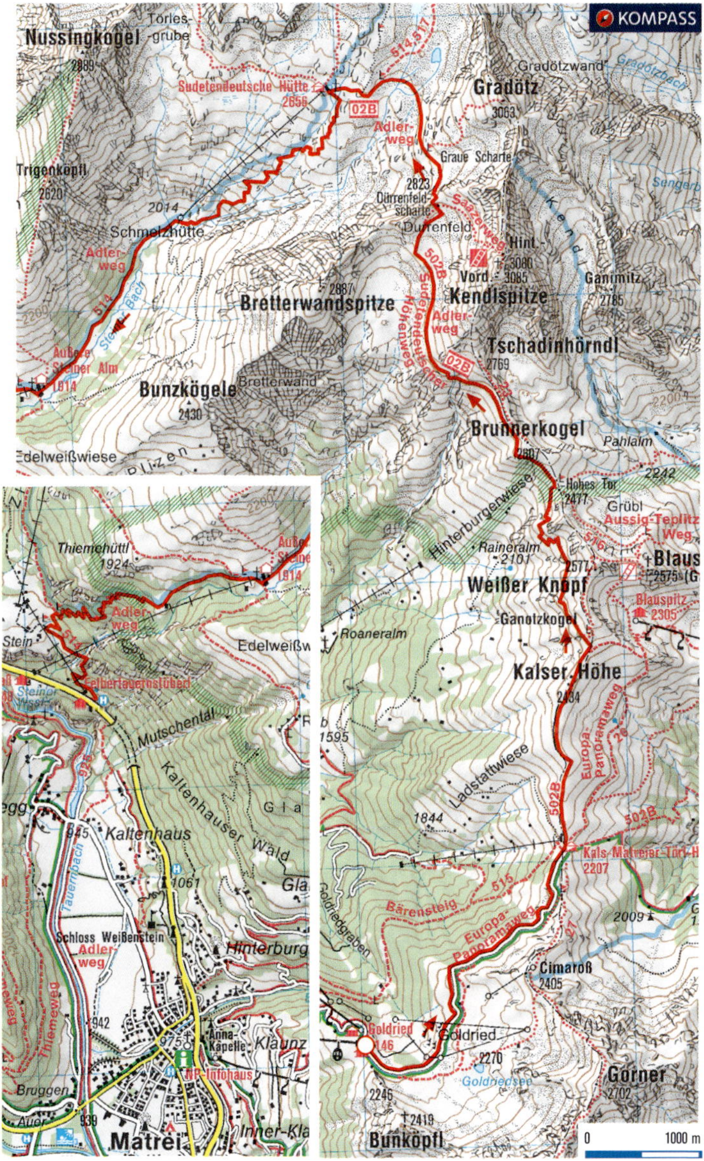
KOMPASS
Nussingkogel
Törles-grube
2889
Sudetendeutsche Hütte
2656
02B
Adler-weg
Gradötzwand
Gradötz
3063
Graue Scharte
2823
Dürrenfeld-scharte
Dürrenfeld
Trigenköpfl
2620
2014
Schmelzhütte
Adler-weg
514
Saazerweg
Hint.
3080
Vord.
3085
Ganimitz
2785
2887
Bretterwandspitze
Kendlspitze
502B
Sudetendeutscher Höhenweg
Adler-weg
Tschadinhörndl
2769
Äußere Steiner Alm
1914
Bunzkögele
2430
Bretterwand
Brunnerkogel
2807
Pahlalm
Edelweißwiese
2242
Hohes Tor
2477
Grübl
Aussig-Teplitz Weg
Hinterburgerwiese
Raineralm
2101
2577
Blaus
2575
Weißer Knopf
Blauspitz
2305
Ganotzkogel
Thiemehüttl
1924
Äußere Steiner
1914
Adler-weg
Stein
Edelweißw
Roaneralm
Kalser Höhe
2434
Felbertauernstüberl
Mutschental
1595
Europa-Panoramaweg
Ladstattwiese
Kaltenhauser Wald
1844
502B
945
Kaltenhaus
Kals-Matreier-Törl-H
2207
1061
Goldriedgraben
Bärensteig
515
Europa-Panoramaweg
2009
Schloss Weißenstein
Adler-weg
Hinterburg
Cimaroß
2405
Thiemeweg
942
975
Anna-Kapelle
Klaunz
Goldried
146
Goldried
2270
NP-Infohaus
Bruggen
Goldriedsee
Görner
2702
2246
Auer
939
Matrei
Inner-Kla
2419
Bunköpfl
0
1000 m

Von der Kalser Höhe blickt man bis in die Venedigergruppe.

Der Sudetendeutsche Höhenweg ist als hochalpine Verbindung vom Kals-Matreier Törl zur altehrwürdigen Sudetendeutschen Hütte auf der Oberen Steiner Alm eine der absoluten Paraderouten ihrer Art in Osttirol. Nirgends lässt sich der südliche Teil der Granatspitzgruppe besser kennen lernen, zudem genießt man vielfältige Ausblicke auf die Glockner-, Schober-, Venediger- und Lasörlinggruppe. Für Geübte ist die Tour ein Hochgenuss, gute Bedingungen vorausgesetzt.

Das erste Stück ab **Bergstation Goldried** erfolgt auf dem breit ausgebauten Europa-Panoramaweg insgesamt nur wenig ansteigend bis zum **Kals-Matreier-Törlhaus** (2207 m). Hier beginnt der mit 502B markierte **Sudetendeutsche Höhenweg** nordwärts über die begrünte Kammschneide. Man gelangt zur **Kalser Höhe** (2434 m) und bald darauf zu zwei Verzweigungen. Jeweils links haltend wird jetzt in die ziemlich steile Westflanke ausgewichen. Bei der Querung einiger Rinnen und Umgehung schrofiger Hindernisse verlieren wir zwischenzeitlich ein paar Höhenmeter und erreichen am **Hohen Tor** (2477 m) wieder einen Kammsattel (Einmündung des Aussig-Teplitzer-Weges von rechts). Beim Weiterweg geht es abermals in die linke Flanke und damit unter Zeiger-Kofelkopf (Brunnerkogel) und Tschadinhörndl entlang. Mit einigen Kehren wechseln die Grashänge zu Bratschengelände, in dem eine interessante Traverse ins karge Dürrenfeld bevorsteht. Durch die Hochmulde leicht links ausholend und zuletzt mit einigen Kehren zum höchsten Wegpunkt an der **Dürrenfeldscharte** (2823 m). Jenseits zwingen Abbrüche zu einer

Abwärtstraverse über ein exponiertes, aber gut gesichertes Felsband nach rechts. Die **Sudetendeutsche Hütte** (2656 m) scheint nah, doch holt man in den Blockschuttfeldern vorher zu einem weiten Bogen aus, der immerhin lästigen Höhenverlust vermeiden lässt.

Für den Abstieg nehmen wir den ursprünglichen Hüttenweg (Nr. 514), der sich in vielen Kehren über das südwestseitig offene Mattengelände hinabsenkt. Bei der **Schmelzhütte** (Talstation der Materialseilbahn) stößt man auf den Grund eines Hochtals und auf einen breiten Weg, dem man durch lichte Lärchenbestände zur **Steiner Alm** (1914 m) folgt.

Auf der rechten Seite verbleibend setzt sich das Bergab in anhaltendem Zickzack, zuletzt noch den Steiner Bach überschreitend, bis hinab zum **Felbertauernstübl** (1150 m) an der Bundesstraße fort. Von hier kann man mit dem Bus nach Matrei zurückkehren.

Gipfel am Weg

Mehrere Gipfel laden zu Abstechern ein, was freilich den Rahmen einer Tagestour zu sprengen droht. So könnte vom Kals-Matreier Törl in südlicher Richtung der Rotenkogel (2762 m) bestiegen werden. Von der Kalser Höhe ist der Weiße Knopf (2577 m) rasch mitgenommen (siehe Tour 11). Nahe der Dürrenfeldscharte zweigt der Normalweg zur Vorderen Kendlspitze (3085 m) ab, etwas später jener zum Gradötz (3063 m). Und dann ist da noch die hochalpine Steiganlage des Karl-Schöttner-Weges auf den Großen Muntanitz (3232 m), der immerhin der höchste Punkt der gesamten Granatspitzgruppe ist. Speziell die Dreitausender stellen im Vergleich zum Sudetendeutschen Höhenweg noch etwas höhere Anforderungen.

Sommerwiesen am Weg zum Kals-Matreier Törl.

Drei-Seen-Weg

Rundtour am Felber Tauern

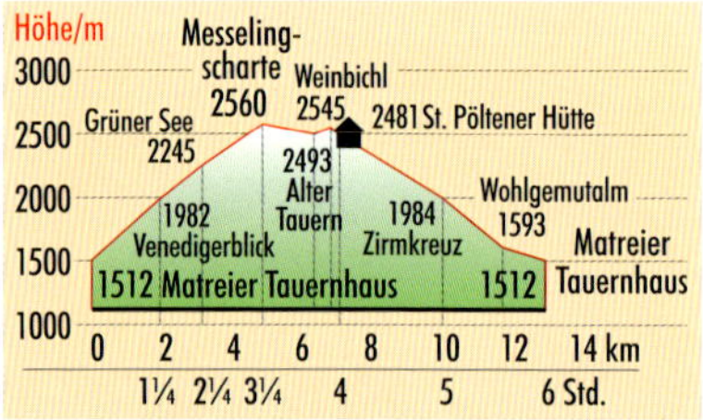

Ausgangspunkt: Matreier Tauernhaus, 1512 m; Zufahrt von der Felbertauernstraße (Nähe Südportal).
Gehzeit: Grüner See 2¼ Std., Messelingscharte 1 Std., St. Pöltener Hütte ¾ Std., Abstieg zum Matreier Tauernhaus 2 Std.; gesamt 6 Std.
Höhenmeter: 1100 Hm.
Charakter: Gewöhnliche Bergwege mit ein paar steileren Abschnitten, für Berggewohnte mit grundlegender Trittsicherheit ohne Schwierigkeiten. Durchschnittliches Tagespensum.
Einkehr: St. Pöltener Hütte, Matreier Tauernhaus (beide Übernachtung).
Karte: KOMPASS Nr. 46, 38 oder 39.

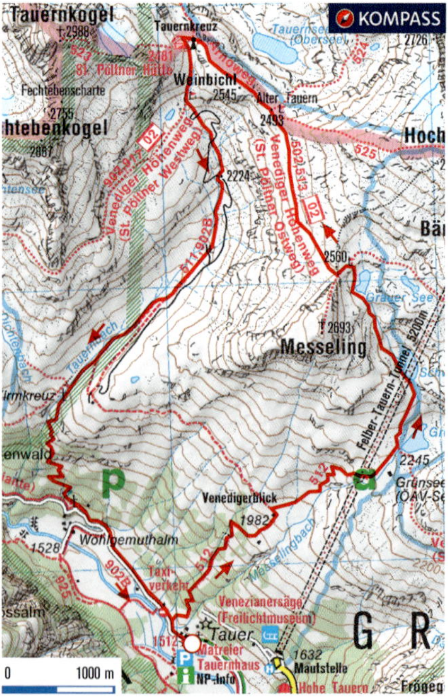

Eine der schönsten kombinierten Seen- und Hüttenwanderungen Osttirols erwartet uns über dem Matreier Tauerntal. Stufe um Stufe steigen wir über eine mustergültige Karseentreppe höher, passieren bis zur Messelingscharte den Grünen, Schwarzen und Grauen See und statten im weiteren Verlauf der St. Pöltener Hütte am Scheitel des Felber Tauern einen Besuch ab. Blicke zum Großvenediger und sogar bis in den Salzburger Pinzgau gehören zum Begleitprogramm.
Kurz hinter dem **Matreier Tauernhaus** wenden wir uns auf Weg Nr. 512 der rechten Bergleh-

Der Schwarze See ist der mittlere der Karseentreppe.

ne zu und ersteigen im Zickzack den Standort der ehemaligen Liftstation »Venedigerblick« (1982 m), die längst abgerüstet wurde. Nun weiter auf der linken Seite des Messelingbachs, der uns bereits den Abfluss des Grünsees verrät. Die kleine Grünseehütte auf der anderen Seite ist nicht zugänglich. Nach reichlich zwei Stunden gelangen wir ans Ufer des **Grünen Sees** (2245 m) und wenden uns hier links der nächsten Karstufe zu, über die ein Bach kaskadenartig herabschießt.

Mit dem **Schwarzen See** (2344 m) wird Nummer zwei erreicht und nach einer weiteren halben Stunde mit dem **Grauen See** (2500 m) die Nummer drei, nur noch wenige Meter von der **Messelingscharte** (2560 m) als Höchstpunkt entfernt.

Wer möchte, kann linker Hand einen Abstecher zum **Messelingkogel** (2693 m) einschalten, wofür man hin und zurück etwa 45 Minuten zusätzlich benötigt. Ansonsten folgen wir weiter der Trasse des St. Pöltener Ostweges, auf der wir seit dem Grünen See unterwegs sind, und queren minimal abwärts Richtung Hauptkamm, der beim **Alten Tauern** (2493 m) erreicht wird. Danach wird noch kurz der **Weinbichl** (2545 m) überschritten, ehe wir bei der **St. Pöltener Hütte** (2481 m) am Felber Tauern eintreffen.

Der Abstieg vollzieht sich durch den Trog des Tauernbachs in südlicher Richtung. Man kommt am **Zirmkreuz** (1984 m) vorbei und gelangt auf einem Zickzackweg hinunter in das Haupttal bei der Wohlgemuthalm. Von dort noch ein Stück hinaus zum **Matreier Tauernhaus**.

St. Pöltener Westweg

Panoramaroute im Banne des Großvenedigers

Ausgangspunkt: Matreier Tauernhaus, 1512 m; Zufahrt von der Felbertauernstraße (Nähe Südportal).
Gehzeit: Aufstieg zum Höhenweg 2½ Std., St. Pöltener Westweg bis Viltragenbach 3 Std., Abstieg über Innergschlöss 2 Std.; gesamt 7½ Std.
Höhenmeter: Etwa 1050 Hm.

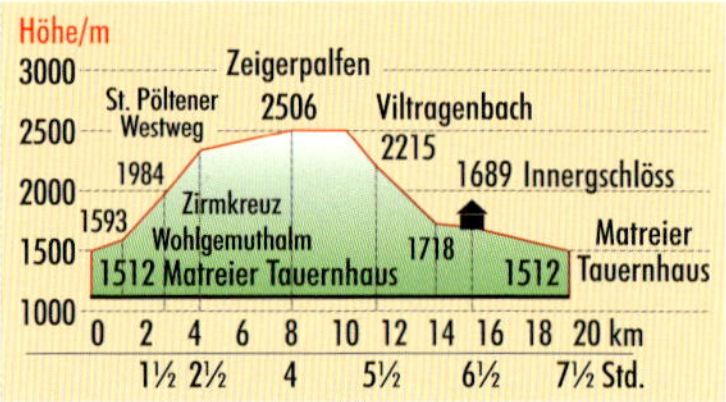

Charakter: Klassischer Höhenweg über einen ausgeprägten Geländebalkon mit teils steilerem Zustieg. Etwas Trittsicherheit und vor allem gute Ausdauer nötig; vorzeitige Abstiegsmöglichkeit.
Einkehr: Venedigerhaus, Außergschlöss, Matreier Tauernhaus (alle Übernachtung).
Karte: KOMPASS Nr. 46 oder 38.

Seit der Erschließung durch den Alpenverein firmiert die Verbindung zwischen der St. Pöltener Hütte am Felber Tauern und den Prager Hütten im Nahbereich des Schlatenkeeses unter dem Namen St. Pöltener Westweg. Auf einer Durchschnittshöhe von knapp 2500 m durchläuft er eine wunderbare Geländeterrasse hoch über dem Gschlössbach und gehört zu den schönsten Aussichtsstrecken Osttirols. Vor allem das stark vergletscherte Zentralmassiv des Venedigers zieht uns ungeheuer in Bann. Nachfolgend ein verkürzter Tourenvorschlag, der sich auch als Tagesprogramm realisieren lässt.

Vom Großparkplatz beim **Matreier Tauernhaus** folgen wir dem gesperrten Fahrweg bis in die Nähe der Wohlgemuthalm und zweigen dort bergwärts ab. Auf kehrenreichem Weg zum **Zirmkreuz** (1984 m), dort nach links über den Tauernbach und spärlicher ausgetreten in das untere Dichtenkar. Bald wird auch der Dichtenbach gequert, um links zu einem Geländesporn anzusteigen. An diesem

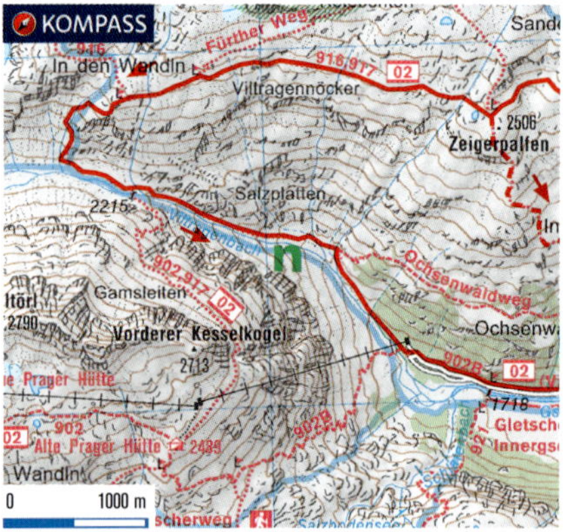

Der St. Pöltener Westweg führt in den Viltragentrog hinab; darüber der Kleinvenediger.

trifft man etwas höher auf den **St. Pöltener Westweg**, der von der gleichnamigen Hütte herüberzieht.

Das Kernstück der Tour verläuft mit nur geringen Höhendifferenzen quer durch die südseitigen Flanken Richtung Westen – ein Höhenweg par excellence! Zunächst wird die Karbucht »Keespölach« durchschritten, ehe es an der vom Roten Kogel abstreichenden Rippe vorbei zur Wegkreuzung beim **Zeigerpalfen** (2506 m) geht. Hier könnte man bereits wieder talwärts nach Innergschlöss absteigen (über 1 Std. kürzer). Ansonsten auf dem Flankensteig weiter westwärts durch den Bereich der Viltragennöcker, den von oben kommenden Fürther Weg aufnehmend und erst danach deutlich steiler absteigend in den Trog des Viltragenbachs. Wir drehen links ab, folgen dem Gletscherabfluss und lassen derweil bei P. 2215 die Fortsetzung des St. Pöltener Westwegs rechts. Später auf breiter Trasse durchs gesamte Hochtal via **Innergschlöss** (Venedigerhaus, 1689 m) und Außergschlöss zurück zum **Matreier Tauernhaus**.

15

Innerer Knorrkogel, 2882 m

Im eisigen Hauch des Schlatenkeeses

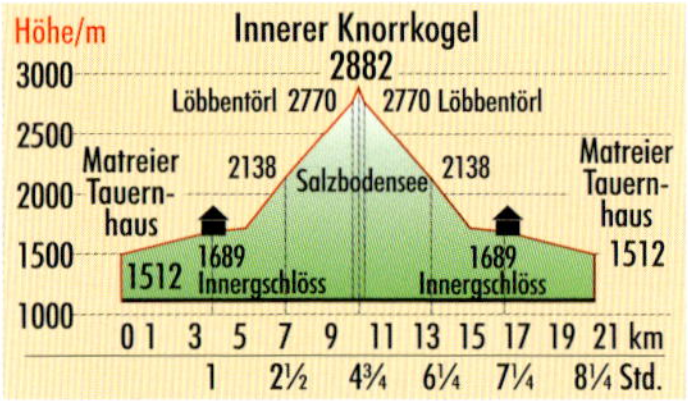

Ausgangspunkt: Matreier Tauernhaus, 1512 m; Zufahrt von der Felbertauernstraße (Nähe Südportal). Mit Taxi Anfahrt bis Venedigerhaus, 1689 m, möglich.
Gehzeit: Talstrecke 1¼ Std., Aufstieg Innerer Knorrkogel 3½ Std., Abstieg 3½ Std.; gesamt 8¼ Std., ab Venedigerhaus ca. 6¼ Std.
Höhenmeter: 1370 Hm.
Charakter: Überwiegend guter Bergweg, gegen das Löbbentörl zunehmend alpiner Charakter (Blockschutt, oft Schneereste). Entsprechende Erfahrung, Trittsicherheit und gute Kondition wichtig.
Einkehr: Venedigerhaus, Außergschlöss, Matreier Tauernhaus (alle Übernachtung).
Karte: KOMPASS Nr. 46 oder 38.

Ob der Talschluss von Innergschlöss nun wirklich der schönste in den gesamten Ostalpen ist, wie immer wieder zitiert wird, liegt wohl im Ermessen eines jeden Wanderers. Doch unbestritten präsentiert sich hier ein Landschaftsambiente von außergewöhnlicher Harmonie und Erhabenheit, wozu vor allem das riesige Schlatenkees im Hintergrund beiträgt. Auf dieser Tour rücken wir dem Eis sehr nahe, wenn wir am Rudolf-Zöllner-Weg über die Seitenmoräne bergwärts streben. Unmittelbar neben dem Löbbentörl, dem Übergang ins jenseitige Frosnitztal (bzw. zur Badener Hütte), erhebt sich der Innere Knorrkogel als prachtvoller Logenplatz, um das Schlatenkees mit seiner imposanten Umrahmung ausgiebig zu bewundern. Vom **Matreier Tauernhaus** erfolgt der Anmarsch meist auf dem Fahrweg über die Wohlgemuthalm und Außergschlöss nach **Innergschlöss** (1689 m). Hierher verkehrt auch ein Taxibus, der die

Am Löbbentörl wird man vom Schlatenkees in den Bann gezogen.

Tour bei Bedarf um 1 Std. pro Strecke verkürzt. Links oder rechts des Gschlössbachs läuft man noch rend wir weiter dem ausgeprägten Moränenrücken folgen. Der **Rudolf-Zöllner-Weg** vollzieht die

ein Stück weiter einwärts und wendet sich im Talschluss schließlich links, um den Steig Nr. 921 aufzunehmen.

Als »**Gletscherweg Innergschlöss**« zieht er kräftig bergan zum **Salzbodensee** (2138 m) sowie zum »Auge Gottes«, einer kleinen Lacke mit Wollgrasinsel. Hier zweigt der Gletscherweg rechts ab, um unter der Zunge des Schlatenkeeses entlang zu queren, während Biegung eines Gletscherarms mit und gewinnt dann über steilere, mitunter von Schneefeldern durchsetzte Hänge das von einem Bildstock geschmückte **Löbbentörl** (2770 m).

Von dort ist es nur noch ein Katzensprung zum Gipfel des **Inneren Knorrkogels**, der über seinen Südwestgrat bestiegen wird.

Für den Abstieg wählen wir die gleiche Route.

16

Gaßla-Anda-Weg – Badener Hütte, 2608 m

Im wilden Frosnitztal

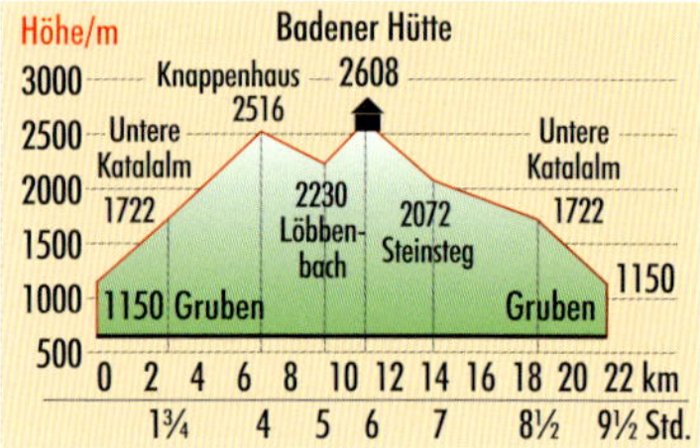

Ausgangspunkt: Gruben, 1150 m, knapp abseits der Felbertauernstraße nördlich von Matrei. Geringe Parkmöglichkeiten im und vor dem Ort.
Gehzeit: Untere Katalalm 1¾ Std., Gaßla-Anda-Weg zum Knappenhaus 2¼ Std., Badener Hütte 2 Std., Abstieg durchs Frosnitztal knapp 3½ Std.; gesamt 9½ Std.
Höhenmeter: Rund 1800 Hm.
Charakter: Unschwierige, über weite Strecken optimal angelegte Bergwege ohne steile Passagen; im gesamten Frosnitztal holpriger Karrenweg. Technisch eher »blau«, aber enorm lang; als Tagestour nur für sehr Ausdauernde!
Einkehr: Badener Hütte (Übernachtung), Gosseralm, Resingeralm.
Karte: KOMPASS Nr. 46 oder 38.

Das Frosnitztal zählt zu den bezaubernsten Winkeln der Venedigergruppe.

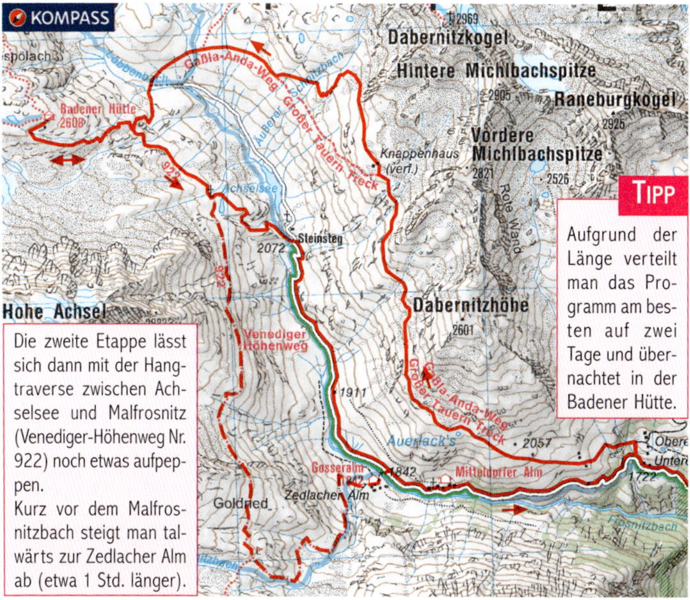

Die zweite Etappe lässt sich dann mit der Hangtraverse zwischen Achselsee und Malfrosnitz (Venediger-Höhenweg Nr. 922) noch etwas aufpeppen.
Kurz vor dem Malfrosnitzbach steigt man talwärts zur Zedlacher Alm ab (etwa 1 Std. länger).

TIPP

Aufgrund der Länge verteilt man das Programm am besten auf zwei Tage und übernachtet in der Badener Hütte.

Das Frosnitztal gehört zu den einsamsten und urwüchsigsten Hochtälern der Venedigergruppe. Weit hinten liegt die Badener Hütte als alpiner Stützpunkt, erreichbar über den herkömmlichen Talweg oder interessanter über den ehemaligen Knappensteig, heute als Gaßla-Anda-Weg oder auch als Großer Tauern Treck ausgewiesen. In angenehmer Steigung zieht er optimal dem Gelände angepasst bis auf eine Höhe von gut 2500 Metern und gewährt dabei immer prächtigere Ausblicke auf die schroffen und teils eisverzierten Gipfel jenseits des Frosnitztals. Mitteregg-kofel, Säulkopf und Eichham, Hohe Achsel, Weißspitze und Kristallwand geben wirklich eine großartige Kulisse ab!

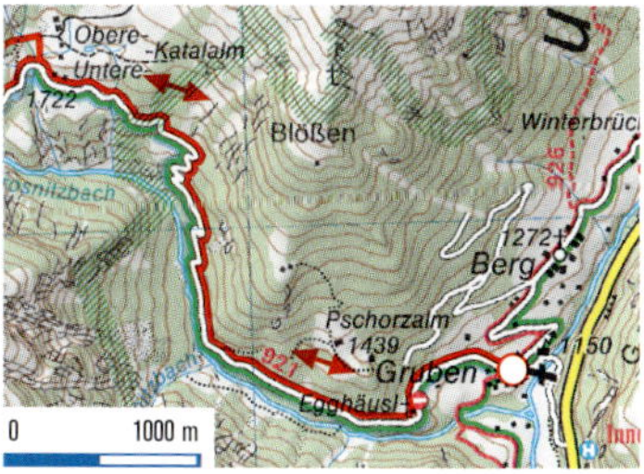

Von der kleinen Ansiedlung Gruben geht es mit Nr. 921 ins enge, wilde Frosnitztal hinein. Man folgt dem Fahrweg auf der rechten Seite der Bachschlucht, der später in Kehren kräftig anzieht und zur **Unteren Katalalm** (1722 m) führt. Hier wählen wir den rechts abzweigenden Weg Nr. 61; die Obere Katalalm bleibt in Kürze knapp rechts. Jenseits eines Grabens beginnt der eigentliche **Gaßla-Anda-Weg**, wobei die Kehren einer neuen Erschließungsstraße etwas Verwirrung stiften können. Unser Pfad folgt indes einem kleinen Geländerücken an der Trogschulter und leitet nach der Auerlack'n in die westseitigen Hänge der Mitteldorfer Schafalm. In gleichmäßig leichter Steigung windet er sich um einige meist wenig markante Hangrücken herum und gewinnt

Herbststimmung bei der Unteren Katalalm.

Am Gaßla-Anda-Weg hat man die wuchtige Hohe Achsel im Blick.

den Absatz mit dem verfallenen **Knappenhaus** (2516 m), der sich als vorzüglicher Rastplatz anbietet. Anschließend zunächst weiter in Grundrichtung Nord, dabei allmählich wieder absteigend. Mit einem deutlichen Linksknick im Zickzack einen Hang hinab und dann im großen Bogen bis zur Brücke über den **Löbbenbach** (2230 m). Hier beginnt der kehrenreiche Gegenanstieg zur Badener Hütte, wobei man an dieser Stelle auch günstig talwärts abbiegen könnte, um die Tour zu verkürzen. Die gemütliche **Badener Hütte** (2608 m) wird binnen einer Stunde über einen ausgeprägten Moränenrücken mit abschließender kurzer Rechtsquerung erreicht.

Im Abstieg wandern wir zunächst zurück bis auf eine Höhe von ca. 2340 m, um bei der Gabelung den rechten Weg einzuschlagen. Über zwei Bäche zum **Achselsee** (2225 m), den man links passiert. Rechts oberhalb vorbei ginge es auf dem Venediger-Höhenweg Richtung Galtenscharte (Nr. 922) weiter. Am **Steinsteg** (2072 m) wird der Hauptbach des Frosnitztals überschritten und damit in den breiten Karrenweg eingefädelt. Dieser bringt uns nun talauswärts. Nach der großen Biegung liegt rechter Hand das Hüttenensemble der **Zedlacher Alm** (1842 m) mit der »Gosseralm« als Jausenstation. Nur wenige Minuten später passieren wir die **Mitteldorfer Alm**, wo die »Resingeralm« im Sommer zur Einkehr lädt. Aufgrund des tief eingeschnittenen Bachlaufs müssen wir am Güterweg noch kleinere Gegensteigungen in Kauf nehmen, bevor es über die **Untere Katalalm** auf bekannter Route wieder zurück nach Gruben geht.

Ochsenbug, 3007 m

Dreitausender für Ambitionierte

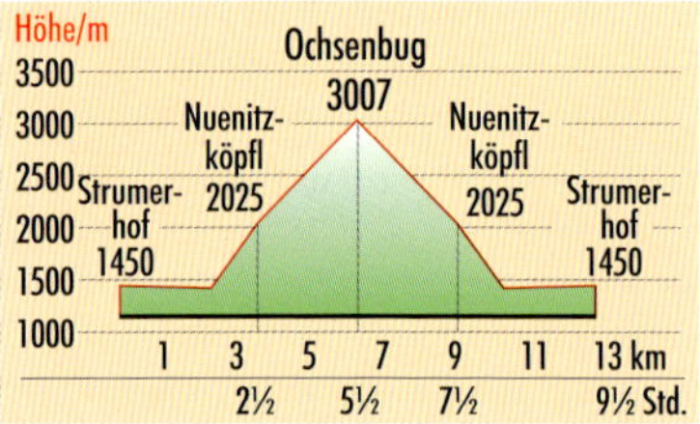

Ausgangspunkt: Parkplatz kurz vor dem Strumerhof, 1450 m; Zufahrt von Matrei über den Weiler Zedlach. Die Straße führt noch weiter bis Hinteregg, dort aber kaum Parkraum.
Gehzeit: Aufstieg 5½ Std., Abstieg 4 Std.; gesamt 9½ Std.
Höhenmeter: Etwa 1600 Hm.
Charakter: Anspruchsvolle Bergtour für erfahrene und sehr ausdauernde Geher! Zwar ohne Kletterei und ordentlich markiert, aber nur schmaler Pfad in alpinem Gelände. Oft Schneefelder im Bereich der Ochsenbugleiten; eventuell Pickel oder Steigeisen ratsam. Zudem lang und anstrengend.
Einkehr: Strumerhof.
Karte: KOMPASS Nr. 46, 48 oder 38.

Ganz im Südosten der Venedigergruppe sticht der Ochsenbug, auch Kristallkopf genannt, hoch über seinen Talorten Matrei und Virgen in den Himmel: ein Aussichtspunkt der Extraklasse! Wie seine Nachbarn mutet er auf den ersten Blick ziemlich unnahbar an, und doch gibt es zwei für Normalbergsteiger erschwingliche Routen. Die leichtere zieht von Osten über die herrlichen Nuenitzwiesen und die Hochmulde der Ochsenbugleiten hinauf. Zwar braucht sich der Geübte von den etwas übertriebenen 6½ Gehstunden auf dem Wegweiser beim Strumerhof nicht abschrecken lassen, aber eine lange Tour bleibt es allemal …

Die wilde Eichhamgruppe vom Ochsenbug aus gesehen.

Zuerst folgen wir dem nahezu horizontalen Fahrweg am **Strumerhof** vorbei bis zu seinem Ende beim **Hinteregg** (1430 m). Unmittelbar neben dem Bauernhof übernimmt ein Steig die Führung, um sich fortan noch ein Weilchen ohne Höhengewinn am steilen, rinnendurchzogenen Osthang entlangzuwinden. Nach etwa 45 Minuten geht's endlich bergauf, und zwar bald ziemlich kräftig. Wo sich der Wald langsam lichtet, gelangen wir auf die blumenreichen Nuenitzwiesen. Der schmale Pfad holt ein Stück gegen das Frosnitztal zur Rechten aus, wendet sich dann aber links und überschreitet das grasige **Nuenitzköpfl** (2025 m). Anschließend in einer Aufwärtstraverse gegen die Schrofenwände des Hintereggkogels, aber noch vor den Felsen wieder rechts eindrehen und über weitere Wiesen und Schuttfelder aufwärts. Über die nächste Geländestufe gelangen wir in die **Ochsenbugleiten**, eine lang gestreckte Hangmulde, die den weiteren Aufstieg vermittelt. Im oberen, steileren Teil liegt oft bis weit in den Sommer hinein Schnee – je nach Verhältnissen die kritischste Hürde der ganzen Tour. Über eine Geländekante hinweg stehen dann nur noch die leichten Blockschutthänge der Gipfelabdachung bevor, ehe wir vom großen Kreuz des **Ochsenbug** stolz Umschau halten können.

Der Abstieg erfolgt am besten auf der gleichen Route. Erfahrenen Bergsteigern steht auch ein Abstieg auf der Südseite offen, der in dem mit durchlaufendem Fixseil gesicherten Bratschenriegel sowie auf dem erdigen Steilwiesenpfad unterhalb jedoch besondere Vorsicht erheischt. Die Rückkehr zum Strumerhof ist zudem lang und recht umständlich.

18

Zedlacher Paradies – Wodenalm, 1804 m

Matreier Idyllen

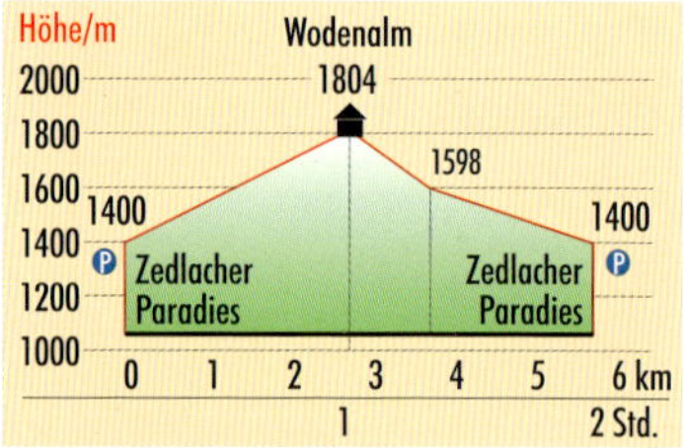

Ausgangspunkt: Parkplatz »Zedlacher Paradies«, ca. 1400 m; Zufahrt auf einer Bergstraße von Matrei über den Weiler Zedlach.
Gehzeit: Durchs Zedlacher Paradies zur Wodenalm gut 1 Std., Abstieg knapp 1 Std.; gesamt 2 Std.
Höhenmeter: Etwa 400 Hm.
Charakter: Problemlose Wanderwege, meist durch Wald. Kurze, wenig anstrengende Tour für jedermann.
Einkehr: Wodenalm.
Karte: KOMPASS Nr. 46, 48 oder 38.

Als Zedlacher Paradies wird ein kleines, durch Waldweidewirtschaft entstandenes Areal am Sonnenhang über dem vorderen Virgental bezeichnet. Da die Almen der Zedlacher Bauern im rauen Frosnitztal nur eine kurze Bewirtschaftungszeit zuließen, wurden über Jahrhunderte hinweg immer wieder Flächen aus dem dorfnahen Zedlacher Wald gerodet. Dabei entfernte man vor allem Fichtenbestände, während die Lärchen als Schattenspender für das Vieh belassen wurden. Sie verleihen dem Zedlacher Paradies sein besonderes Gepräge, am schönsten zur intensiven Färbung im Herbst. Auf dem Waldlehrpfad mit seinen speziell auch für Kinder interessanten Stationen lässt sich das Gebiet wunderbar erkunden. Da er recht kurz ist, wird man gern noch die oberhalb gelegene Wodenalm einbeziehen,

Die Lärche ist der Charakterbaum des Zedlacher Paradieses.

Blick von der Wodenalm auf die Gipfel der Granatspitzgruppe.

um während einer Jause die Bergwelt jenseits des Matreier Talkessels zu bewundern.

Gleich hinter dem Wanderparkplatz treffen wir auf eine Informationstafel, nehmen den rechts leicht aufwärts führenden Forstweg und stehen in Kürze am Beginn des Lehrpfades. Dieser ist gut ausgeschildert und trotz mehrmaliger Gabelungen kaum zu verfehlen. Zwischendurch zweigt auch die Route zur **Wodenalm** ab. Durch dichteren Wald gelangen wir auf den Wirtschaftsweg und folgen diesem über einige Windungen hinauf zum Rande der Zedlacher Wiesen, wo die Wodenalm ihren bezaubernden Platz hat.

Für den Rückweg schlagen wir den teils etwas steileren Waldweg Richtung Strumerhof ein und halten uns dann rechts, um erneut ins Zedlacher Paradies zu wandern. Dort am besten wieder auf den Lehrpfad einbiegen und zurück zum Parkplatz.

Bonn-Matreier-Hütte, 2745 m

Hohe Hütte oberhalb Virgen

Ausgangspunkt: Parkplatz Budam, 1477 m; Zufahrt von Obermauern.
Gehzeit: Niljochhütte 1½ Std., Bonn-Matreier-Hütte 2 Std., Abstieg durchs Kleine Niltal 2½ Std.; gesamt 6 Std.
Höhenmeter: 1270 Hm.
Charakter: Normale Bergwege ohne schwierige Stellen, mit elementarer Trittsicherheit gut zu begehen. Im Frühsommer zuweilen noch Schneefelder. Aufgrund des beachtlichen Höhenunterschieds konditionell recht fordernd.

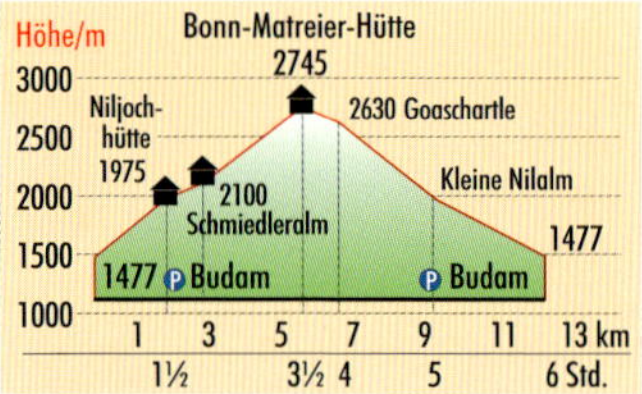

Einkehr: Bonn-Matreier-Hütte (Übernachtung), Niljochhütte, Schmiedleralm, Gotschaunalm.
Karte: KOMPASS Nr. 46 oder 38.

Die Bonn-Matreier-Hütte dient als wichtiger Stützpunkt auf dem Venediger-Höhenweg sowie für die größtenteils anspruchsvollen Felsgipfel der Eichhamgruppe, wird aber auch als Ziel einer Tageswanderung aus dem Virgental gern angesteuert. Besonders abwechslungsreich ist die Kombination der beiden Routen durch das Große und das Kleine Niltal. Hier lernt man die ganze Spanne vom Waldsockel der Berge über die Almregion bis an den Fuß der felsigen Gipfelaufbauten kennen.

Vom Parkplatz folgen wir der Straßenschleife zum Budamhof (schöne Kapelle nebenan) und zu kleinen Hütten auf der linken Seite des Taleinschnitts. Nun auf Steig über Bergwiesen und Waldparzellen gegen die **Niljochhütte** (1975 m) hinauf, die mit einem kleinen Schlenker mitgenommen werden kann. Auf der Fortsetzung in den Almkessel des Großen Niltals passieren wir die bewirtschaftete **Schmiedleralm**, bevor der Güterweg auf rund 2300 m wie-

Almrauschblüte im Kleinen Niltal.

Die Bonn-Matreier-Hütte in exzellenter Aussichtslage.

der in einen Steig übergeht. Etwas links ausholend vollzieht man einen ausgeprägten Bogen, fädelt in den Venediger-Höhenweg ein und erreicht kurz darauf den aussichtsreichen Geländerücken mit der **Bonn-Matreier-Hütte**.

Im Abstieg orientieren wir uns in das Eichhamkar östlich der Hütte und peilen etwas tiefer das **Goaschartle** in der linken Begrenzungsrippe an. Es vermittelt einen eleganten Überstieg ins Kar der Kleinen Nil, wo man zunächst weit zur anderen Seite hinüberzieht. Erst dort im Zickzack über Alpenrosenhänge steiler bergab. Nun entweder über die Kleine Nilalm direkt in den Bacheinschnitt hinunter oder vorher noch mit einer Schleife über die herrlich gelegene **Gotschaunalm** (1943 m), die über den links wegführenden Hangweg erreicht wird (20 Minuten länger). Wirtschaftswege leiten zuletzt zurück nach Budam.

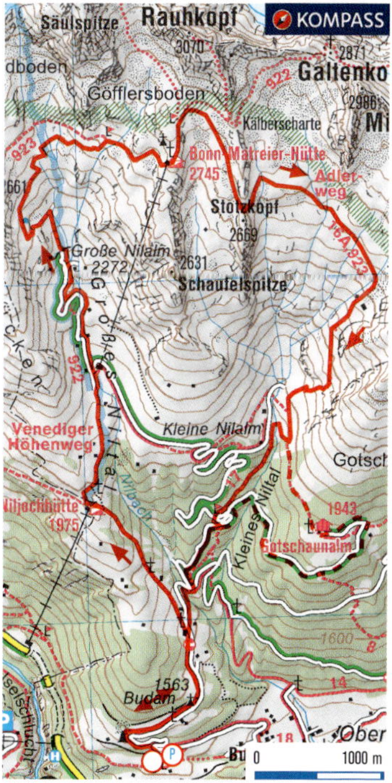

Neue Sajathütte, 2600 m

Das »Schloss in den Bergen«

Ausgangspunkt: Wanderparkplatz Bichl, ca. 1480 m; Zufahrt von Prägraten/Virgental.
Gehzeit: Neue Sajathütte 3 Std., Höhenweg ins Timmeltal 1 Std., Abstieg nach Bichl 1½ Std.; gesamt 5½ Std.
Höhenmeter: 1120 Hm.
Charakter: Gut angelegte Bergwege, überwiegend durch Mattengelände, mit grundlegender Trittsicherheit problemlos zu begehen. Durchschnittliche Tagestour.

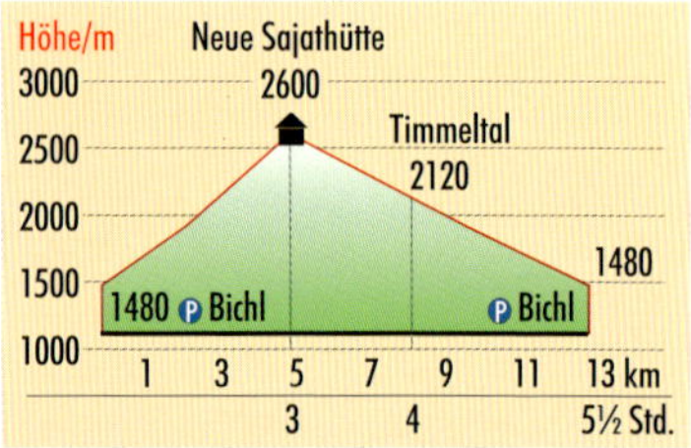

Einkehr: Neue Sajathütte (Übernachtung).
Karte: KOMPASS Nr. 46 oder 38.

Hoch über dem Virgental, vis-à-vis von Lasörling und Co. hat die Sajathütte ihren Platz.

Als im Frühjahr 2001 eine gewaltige Lawine die Sajathütte wegfegte, saß der Schock tief. Doch die Besitzerfamilie Kratzer fand viel Unterstützung und packte umgehend einen Neubau an. So thront das »Schloss in den Bergen«, wie die architektonisch gelungene Hütte auch genannt wird, heute wieder am Rande des Hochkares oberhalb der blumenreichen Sajatmähder, umstellt von einem Kranz scharfkantiger Berggipfel. Ob Durchquerer auf dem Venediger-Höhenweg, Klettersteigenthusiasten, die sich an der Roten Säule erproben wollen, oder Tageswanderer, die sich aus dem Virgental heraufbegeben – alle sind sie hier oben gut aufgehoben und können ein herrliches Panorama genießen. Mit dem Prägratener Höhenweg lässt sich im Übrigen eine Rundtour schließen.

Der Bezeichnung »Sajathütte, Blumenweg« folgend geht es zuerst durch den Bichler Wald und später über freie Wiesenhänge bergauf. Dabei holt man weit nach Westen aus, den Zopsenbach überschreitend, und setzt den Aufstieg in den **Katinmähdern** oberhalb eines Almhüttchens in die entgegengesetzte Richtung fort. Damit wird die Bachrinne ein zweites Mal gequert. Östlich davon tragen die üppig begrünten Flanken den Namen »**Sajatmähder**«. In Serpentinen (Abkürzer vermeiden!) gelangen wir zur Kar-

Beim Aufstieg über die Sajatmähder steht der Lasörling samt Trabanten im Blickfeld.

schwelle, wo linker Hand die **Neue Sajathütte** ihren fantastischen Logenplatz hat.

Anschließend folgen wir dem **Prägratener Höhenweg**, der auch in den großen Venediger-Höhenweg integriert ist, Richtung Osten und queren somit die Steilflanken des Vorderen Sajatkopfes. Bis zu einem markanten Geländeeck büßen wir dabei bereits etwa 300 Hm ein. An dieser Stelle links ins Timmeltal einschwenken und den Höhenweg zur Eisseehütte verlassen. Stattdessen steigen wir schräg zum **Timmelbach** ab. Am rechten Ufer durch das Hochtal auswärts und bevor dieses steiler abfällt, nach links übersetzend. An einer Kreuzung wenden wir uns scharf rechts (also weder zur Bodenalm noch Richtung Prägraten) und kehren über den **Wiesachweg** zurück in den Bichler Wald und zum Wanderparkplatz.

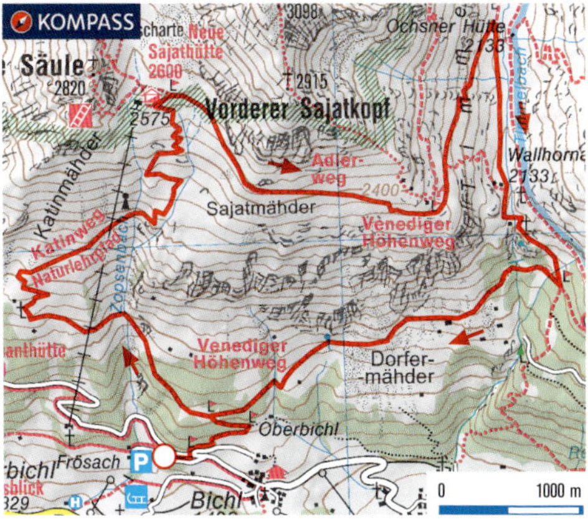

Zopetscharte, 2958 m

Von der Johannis- zur Eisseehütte

Ausgangspunkt: Hinterbichl, 1329 m, im Virgental. Der Zugang zur Johannishütte kann auch mit dem Venedigertaxi erfolgen (Anmeldung unter Tel. 04877/5369).
Endpunkt: Prägraten, 1309 m.
Gehzeit: Johannishütte 2½ Std. (entfällt mit dem Hüttentaxi); ges. 6 bzw. 8½ Std.
Höhenmeter: Ab Johannishütte 840 Hm, ab Hinterbichl 1630 Hm.
Charakter: Alpiner Steig bis in große Höhen, der unbedingt Trittsicherheit verlangt (Erschwernisse bei Schnee). Konditionell ab Johannishütte mittel, vom Tal aus sehr lang.
Einkehr: Johannishütte, Eisseehütte (beide Übernachtung), Bodenalm.
Karte: KOMPASS Nr. 46 oder 38.

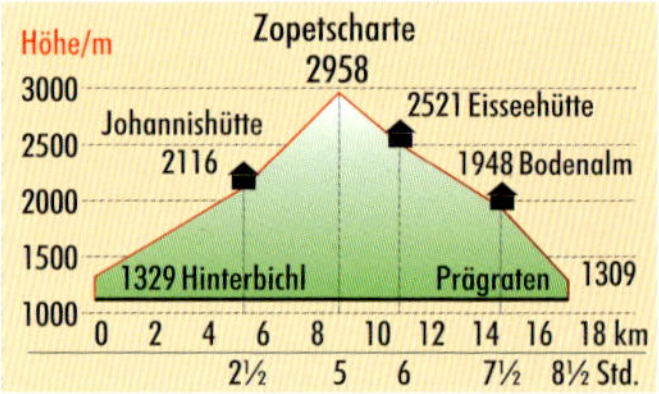

Im inneren Timmeltal bei der Eisseehütte.

Mit 2958 m markiert die Zopetscharte den höchsten Punkt des gesamten Venediger-Höhenwegs, der die alpinen Stützpunkte auf der Südseite der Gruppe zu einer herrlichen Kette verbindet. Einzelne Tagesetappen vom Tal aus gestartet sind meist mit erheblichen Anstrengungen verbunden. Da zur Johannishütte im Dorfertal jedoch ein Taxizubringer angeboten wird, ergeben sich von hier aus ostwärts über die Zopetscharte ins Timmeltal oder westwärts via Türmljoch ins Maurertal vorteilhafte Möglichkeiten. Vom Talort Hinterbichl kann noch bis zum Parkplatz **Wiesenkreuz** (1483 m) mit dem Privatauto gefahren werden, was sich aber für die Überschreitung nicht empfiehlt. Ohnehin wird man wohl auf das Venedigertaxi zurückgreifen, sofern man keine Übernachtung in der Johannishütte plant. Auf der Strecke durchs **Dorfertal** passiert man einen **Serpentinsteinbruch**, später das Gumpachkreuz und läuft im Angesicht des Großvenedigers bei der **Johannishütte** (2116 m) ein.

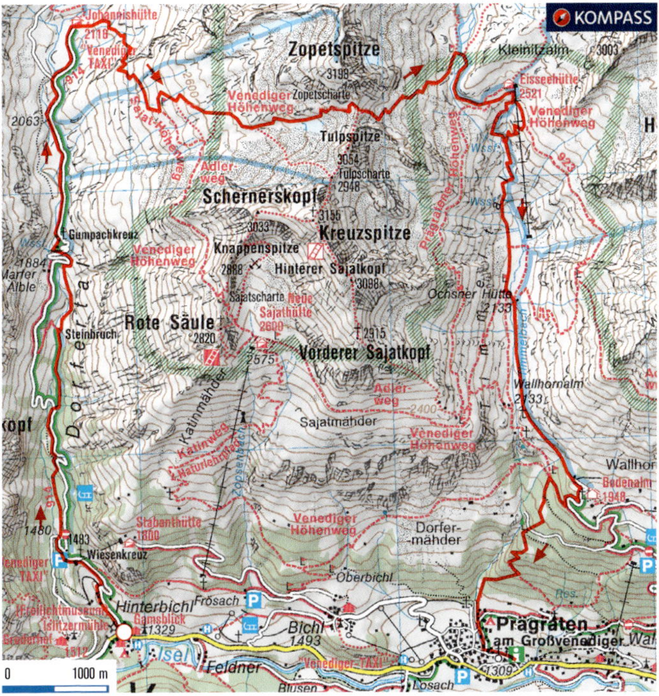

Nun ostwärts an der Berglehne in Kehren aufwärts, allmählich rechts haltend über eine Geländerippe hinweg in das weitflächige Gehänge des Zopet. In Kürze zweigt nach rechts die Verbindung zur Sajathütte ab, höher oben die undeutliche Markierung Richtung Tulpscharte und Kreuzspitze. Wir hingegen peilen geradeaus den Einschnitt der **Zopetscharte** (2958 m) an und gewinnen diesen über losen Blockschutt. Jenseits erscheint das Gelände noch steiler. Wir halten uns links an den passablen Steig, der in dieser Höhe natürlich sehr steinig ist und einen sicheren Tritt verlangt. Peu à peu windet er sich abwärts zum Boden des Kleinitztals, wo man den verästelten Bach überschreitet und im Bogen um den Hangrücken zur **Eisseehütte** (2521 m) weiterwandert.

Von dort auf zwei möglichen Varianten ins **Timmeltal** hinab und mehrmals über den Bach. Schließlich zieht der Weg auf der linken Seite hinaus zur **Bodenalm** (1948 m), die knapp oberhalb der Waldgrenze an den Wallhorner Mähdern liegt. In den Wald eintauchend achten wir auf die Abzweigung nach **Prägraten** und steigen in Kehren bis in den Talort ab.

22

Rostocker Eck, 2749 m

Schaukanzel im Maurertal

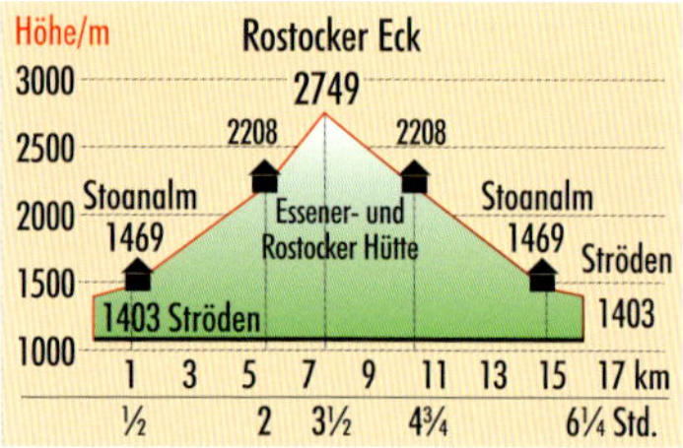

Ausgangspunkt: Ströden, 1403 m, gebührenpflichtiger Parkplatz am Ende der Straße ins Virgental.
Gehzeit: Essener- und Rostocker Hütte 2½ Std., Rostocker Eck 1½ Std., Überschreitung zur Hütte 1¼ Std., Talabstieg nach Ströden 1½ Std.; gesamt 6¾ Std.
Höhenmeter: 1350 Hm.
Charakter: Leichter Bergwanderweg zur Hütte (»blau«), zum Rostocker Eck steileres Gelände, das Trittsicherheit verlangt. Als Tagestour ein recht anstrengendes Programm.
Einkehr: Essener- und Rostocker Hütte (Übernachtung), Stoanalm.
Karte: KOMPASS Nr. 46 oder 38.

Rostock liegt bekanntlich im hohen Norden Deutschlands und hat mit den Gipfeln der Venedigergruppe vorderhand nicht viel zu tun. Doch auch an der Ostsee gab es Bergbegeisterte, die 1912 als Alpenvereinssektion eine Hütte im Maurertal bauten und den oberhalb gelegenen Aussichtspunkt mit einer Steiganlage erschlossen. Von dort erfasst man die gesamte gletscherverzierte Dreitausenderarena

Blumenwiesen vor Gletschereis beim Anstieg zum Rostocker Eck.

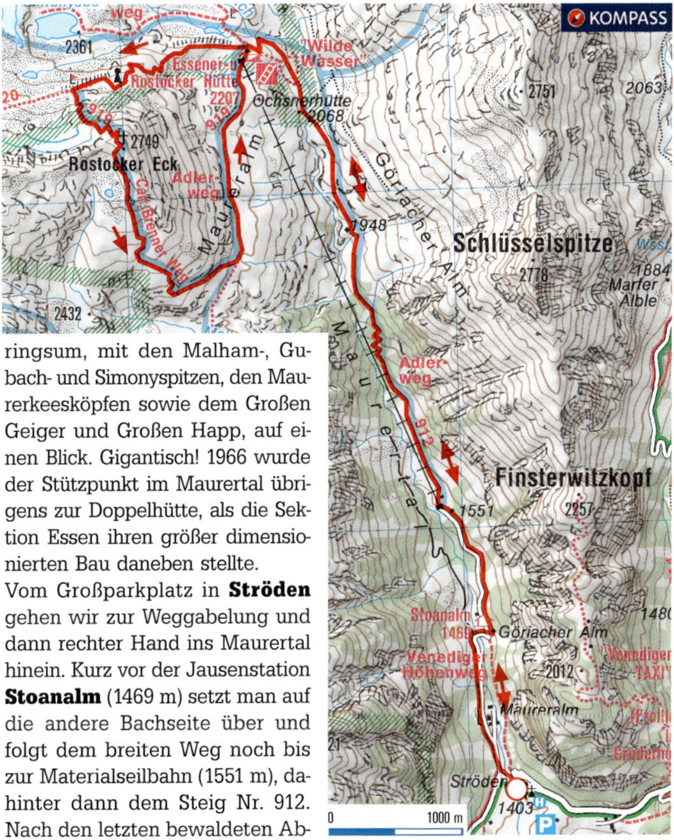

ringsum, mit den Malham-, Gubach- und Simonyspitzen, den Maurerkeesköpfen sowie dem Großen Geiger und Großen Happ, auf einen Blick. Gigantisch! 1966 wurde der Stützpunkt im Maurertal übrigens zur Doppelhütte, als die Sektion Essen ihren größer dimensionierten Bau daneben stellte.

Vom Großparkplatz in **Ströden** gehen wir zur Weggabelung und dann rechter Hand ins Maurertal hinein. Kurz vor der Jausenstation **Stoanalm** (1469 m) setzt man auf die andere Bachseite über und folgt dem breiten Weg noch bis zur Materialseilbahn (1551 m), dahinter dann dem Steig Nr. 912. Nach den letzten bewaldeten Abschnitten erwartet uns ein Flachstück, ehe – nun wieder links vom tosenden Maurerbach – die letzten Kehren über eine Moräne zur **Essener- und Rostocker Hütte** (2208 m) bewältigt werden. Dort orientieren wir uns mit Nr. 920 westwärts in Grundrichtung Reggentörl, bis auf knapp 2500 m der Steig zum **Rostocker Eck** scharf links abzweigt. Im Zickzack wird der steile Nordhang hinauf zum kreuzgeschmückten Aussichtspunkt überwunden.

Wir überschreiten das Rostocker Eck auf dem **Carl-Bremer-Weg** nach Süden und drehen auf den Matten der Maurer Alm allmählich wieder in die entgegengesetzte Richtung ein, um auf einer ostseitigen Hangterrasse zurück zur **Essener- und Rostocker Hütte** zu gelangen. Von dort auf dem Hinweg durchs Maurertal nach **Ströden**.

23

Umbalfälle – Clarahütte, 2036 m

Im Rausch der Gletscherwasser

Ausgangspunkt: Ströden, 1403 m, gebührenpflichtiger Parkplatz am Ende der Straße ins Virgental.
Gehzeit: Pebellalm ½ Std., Clarahütte 2 Std., Rückweg 2 Std.; gesamt 4½ Std.
Höhenmeter: 640 Hm.
Charakter: Bestens ausgebauter und viel begangener Bergwanderweg, auch für Gelegenheitswanderer ohne Schwierigkeiten und nicht übermäßig anstrengend.
Einkehr: Clarahütte (Übernachtung), Islitzer Alm und Pebellalm.
Karte: KOMPASS Nr. 46, 45 oder 38.

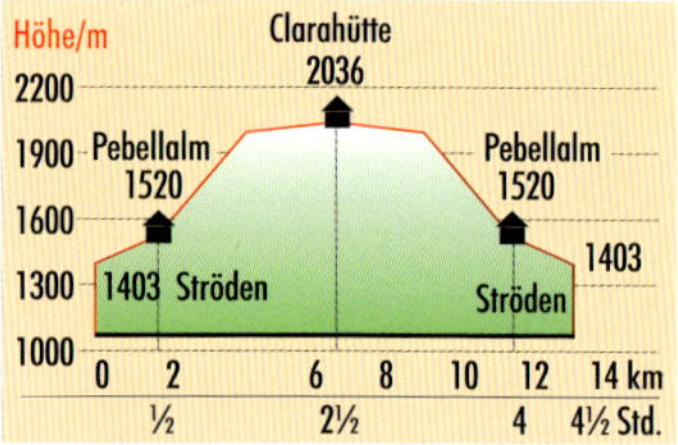

Als eines der landschaftlichen Highlights Osttirols gelten die Umbalfälle im Quelltal der Isel – besonders zur frühsommerlichen Schneeschmelze ein starkes Erlebnis. Auf dem Wasserschaupfad gehen wir mit den gischtenden Wassermassen unmittelbar auf Tuchfühlung und lernen darüber hinaus noch eine Menge über naturkundliche Themen. Oberhalb der Umbalfälle setzt sich der Weg zur Clarahütte fort, die im Angesicht der stolzen Rötspitze in einem traumhaft ursprünglichen Hochtal liegt.

Bei der Gabelung hinter dem Großparkplatz in **Ströden** wählen wir den linken Ast und wandern auf dem breiten Schottersträßchen, das auch von Kutschen befahren wird, sanft aufwärts ins Weidegebiet der **Islitzer Alm** (1509 m) und **Pebellalm** (1520 m). Sie machen beide ihr Geschäft als Jausenstationen. Hier beginnt der **Wasserschaupfad Umbalfälle**, auf dem wir uns ganz nah am rauschenden Bach mit seinen Wasserfallkaskaden halten. Parallel dazu zieht auch ein Wirtschaftsweg im Wald hoch,

Die junge Isel donnert durchs Umbaltal hinaus.

Die tosenden Umbalfälle sind ein spektakuläres Naturschauspiel.

doch würde man auf ihm ja das Beste verpassen. Bei einem flachen Boden kommen die Routen zusammen. Anschließend über die nächste Talstufe mit weiteren Kaskaden. Das Umbaltal präsentiert sich als mustergültiges V-Tal, im Winter entsprechend lawinengefährdet. Im flacheren Teil setzen wir auf die rechte Bachseite über und haben bis zu unserem Ziel nur noch wenig Höhenunterschied zu bewältigen. Allerdings sind es an der **Ochsnerhütte** (1946 m) sowie der Einmündung des wilden Dabertals vorbei noch gute 2½ km, bis wir schließlich bei der **Clarahütte** einlaufen.

Wer mag, kann dem Umbaltal sogar noch weiter einwärts folgen, was sich bis ins Gletschervorfeld zuhinterst aber noch mehr als eine Stunde hinzieht. Für den Abstieg gibt es keine Alternative, also auf dem gleichen – freilich sehr abwechslungsreichen – Weg zurück.

24

Gösleswand, 2912 m

Über die Neue Reichenberger Hütte

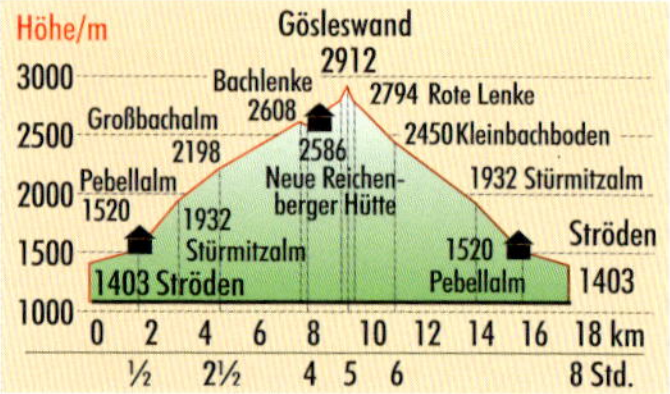

Ausgangspunkt: Ströden, 1403 m, gebührenpflichtiger Parkplatz am Ende der Straße ins Virgental.
Gehzeit: Großbachalm 2½ Std., Neue Reichenberger Hütte 1½ Std., Gösleswand 1 Std., Abstieg durchs Kleinbachtal nach Ströden ca. 3 Std.; gesamt 8 Std.
Höhenmeter: 1550 Hm.
Charakter: Markierte Steige mit abwechselnd steileren und flacheren Abschnitten, besonders im Kleinbachtal teils spärlich ausgetreten. Solide Trittsicherheit angezeigt, vor allem aber sehr gute Kondition, falls nicht in der Hütte übernachtet wird.
Einkehr: Neue Reichenberger Hütte (Übernachtung), Islitzer Alm und Pebellalm.
Karte: KOMPASS Nr. 46, 45 oder 38.

Urgemütliches Refugium: die Neue Reichenberger Hütte.

Das innere Virgental besticht durch vielfältige landschaftliche Reize, die sich nicht nur in den Berühmtheiten wie den Umbalfällen offenbaren, sondern auch in abgeschiedenen Winkeln mancher Seitentäler. Zwei davon sind das Großbach- und Kleinbachtal in der westlichen Lasörlinggruppe. Mit dieser Tour tauchen wir in eine stille Bergwelt ein, besuchen die behagliche Neue Reichenberger Hütte am Bödensee und flechten mit der Gösleswand ein stolzes Gipfelziel ein. Die Schau von dort oben reicht über ein Meer von Bergen zwischen dem vergletscherten Alpenhauptkamm und den südlichen Kalkalpen.

Von **Ströden** zunächst auf breitem Fahrweg zu den Einkehrstationen der **Islitzer Alm** und **Pebellalm**. Bei Letzterer folgen wir dem serpentinenreichen Almgüterweg, der sich an einer beeindruckend steilen Hangpartie (zwischendurch die Schaukanzel am Kleinbachfall) höher schraubt und zur **Stürmitzalm** (1932 m) führt. Hier verzweigen sich das Kleinbachtal geradeaus sowie das Großbachtal nach rechts. Dort hinein können wir vorerst einen komfortablen Fahrweg nutzen, der sich über dem tief eingeschnittenen Bach sanft zur **Großbachalm** (2198 m) hinaufschlängelt. Dahinter noch ein Weilchen flach taleinwärts (sogar mit geringfügigen Zwischenabstiegen), ehe der Steig erst im hinteren Talabschnitt deutlich steiler anzieht. Man holt leicht links aus, begeht einen Rücken mit auffällig hellem Gestein und überwindet nach einer kleinen Mulde das letzte Stück zur **Bachlenke** (2608 m). Gleich dahinter empfängt uns die **Neue Reichenberger Hütte** (2586 m) in unmittelbarer Nähe des Bödensees. Beim Weiterweg passieren wir den See am nördlichen Ufer und wandern zur **Roten Lenke** (2794 m) hinauf, wo der kurze Gipfelstich zur **Gösleswand** ansetzt. Kurz entlang der Gratrippe, dann über leichte Hänge und zuletzt nach rechts zum höchsten Punkt, auf dem kürzlich eine kleine Panoramascheibe installiert wurde. Im Abstieg zunächst zurück zur Roten Lenke und anschließend in die ostwärts gerichtete Hangmulde hinab. Blockschutt und allfällige Schneefelder geleiten uns zum **Kleinbachboden**. Dort kann man aufgrund von Abbrüchen nicht sofort talwärts schwenken, sondern muss erst noch ein paar Meter Gegenanstieg leisten, ehe man auf die Verzweigung trifft. Über recht steile Hänge geht es auf den Boden des **Kleinbachtals** hinunter und alsbald auf die linke Bachseite (mitunter nicht ganz unkompliziert). Dort wandern wir nun durch zunehmend üppig bewachsenes Gelände an einer kargen Hirtenhütte vorbei und auf schmalem Pfad oberhalb der Bachschlucht entlang (Vorsicht, auch bei der Querung einiger Gräben).

Bei der **Stürmitzalm** schließt sich die Runde wieder, der finale Abstieg nach Ströden ist vom Hinweg her bekannt.

Bachlenkenkopf

Unsere Gösleswand macht von der Neuen Reichenberger Hütte aus die schneidigste Figur, eigentlicher Hausberg ist aber der nahe Bachlenkenkopf (2759 m), zu dem man nur eine halbe Stunde benötigt.

25

Muhs-Panoramaweg

Von der Bergerseehütte ins Lasnitzental

Ausgangspunkt: Prägraten, 1309 m, im Virgental.
Gehzeit: Bergerseehütte 2½ Std., Lasnitzenalm 2¼ Std., Prägraten 1½ Std.; gesamt 6¼ Std.
Höhenmeter: Etwa 1100 Hm.
Charakter: Unschwierige Bergwanderwege, am Schluss Güterweg. Die Tagestour erfordert in erster Linie Ausdauer.
Einkehr: Bergerseehütte, Lasnitzenalm (beide Übernachtung).
Karte: KOMPASS Nr. 46, 45 oder 38.

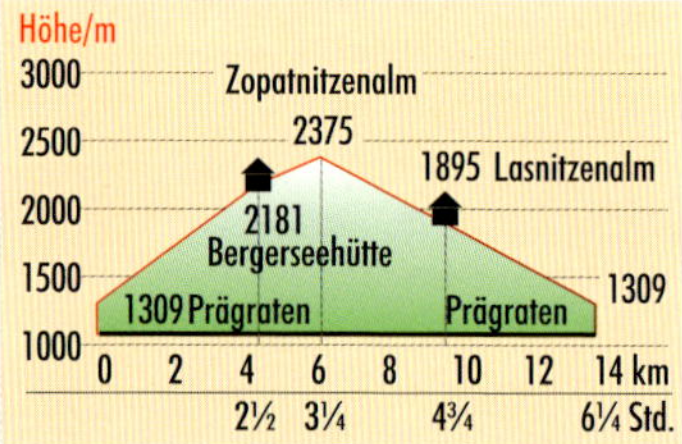

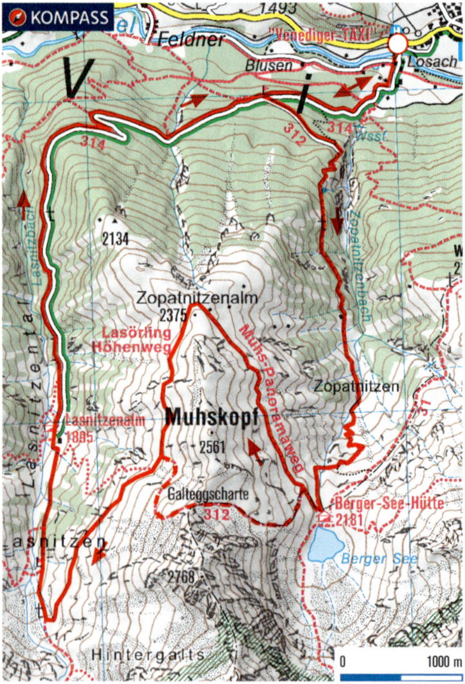

Der Name ist Programm: Wer von Süden die Venedigergruppe überschauen möchte, findet in dem Höhenweg zwischen Bergerseehütte und Lasnitzenalm den idealen Aussichtsbalkon mit doppelter Einkehrmöglichkeit. Dazu lernen wir zwei reizvolle Taleinschnitte am Lasörlingkamm unmittelbar kennen. Ein besonderes Kleinod ist der tiefblaue Bergersee.

Am Ortsende von **Prägraten** zweigen wir zur Iselbrücke ab, überschreiten danach auch den Zopatnitzenbach und folgen der Forststraße, bis links Nr. 312 zur Bergerseehütte ausgewiesen wird.

Der Muhs-Panoramaweg schenkt Traumblicke über das Virgental.

Das erste Teilstück des Steiges durch den Hochwald ist recht steil, später wird es in den Zopatnitzenkessel hinein etwas angenehmer. Nachdem nochmals über den Bach gesetzt wurde, warten aber weitere Kehren hinauf zur Karschwelle und zur **Bergerseehütte** (2181 m). Am Ufer des Bergersees besitzt sie einen Traumplatz mit freier Sicht auf die gegenüberliegende Venedigergruppe.

Diese Ausblicke bleiben uns auch auf dem **Muhs-Panoramaweg** erhalten. Man holt dabei zu einem weiten Bogen um den Nordausläufer des Muhskopfes aus. Bis zum äußersten Punkt bei der **Zopatnitzenalm** (2375 m) verläuft die Traverse insgesamt leicht ansteigend, hinter dem markanten Geländeeck dann quasi in die Gegenrichtung wieder allmählich bergab. Wir sollten die Abkürzung durch die steilen Hänge ausschlagen und dem Höhenweg bis in den inneren Lasnitzenkessel hinein folgen. Dort schwenkt man scharf talauswärts und steuert auf der rechten Bachseite die bewirtschaftete **Lasnitzenalm** (1895 m) an.

Der Rückweg nach Prägraten vollzieht sich auf dem Erschließungsweg, der zunächst noch eine Weile dem Einschnitt des Lasnitzentals nordwärts folgt und schließlich Richtung Osten abdreht.

Galteggscharte

Ein Übergang zwischen beiden Talkesseln ist auch direkter via Galteggscharte möglich; allerdings macht diese Route mehr Mühe und ist zeitlich kaum vorteilhafter.

26

Lasörling, 3098 m

Hauptgipfel südlich des Virgentals

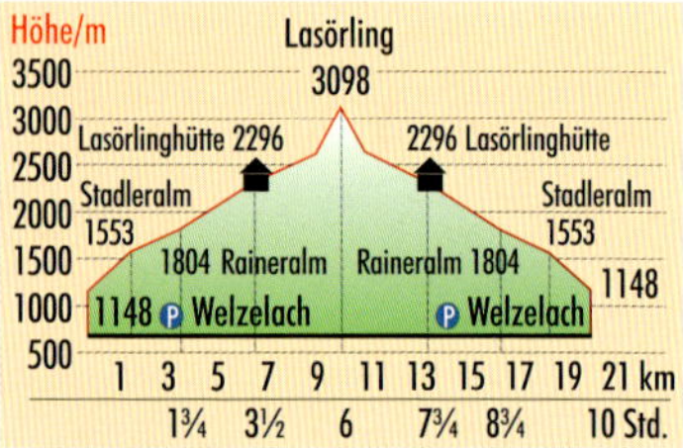

Ausgangspunkt: Parkplatz, 1148 m, am Mullitzbach kurz vor Welzelach; Zufahrt von Virgen über die Isel.
Gehzeit: Lasörlinghütte 3½ Std., Lasörling 2½ Std., Abstieg zur Hütte 1¾ Std., ins Tal weitere 2¼ Std.; gesamt 10 Std.
Höhenmeter: 1950 Hm, davon ab Hütte 800 Hm.
Charakter: Leichter, aber recht langer Hüttenzugang (meist auf Fahrweg), anschließend durchgängig bezeichneter Bergsteig, im Gipfelbereich felsig, aber kaum Kletterei. Solide Trittsicherheit und Geländegängigkeit unbedingt notwendig; nur als Zweitagetour zu empfehlen.
Einkehr: Lasörlinghütte (Übernachtung).
Karte: KOMPASS Nr. 45, 46 oder 38.

In stolzer Pyramiden- oder Trapezgestalt (je nach Blickwinkel) überragt der Lasörling alle seine Nachbarn auf der Südseite des Virgentals. Sein Prädikat als Wanderdreitausender und famoser Aussichtsgipfel macht ihn umso attraktiver. Doch erst die 1982 in Privatregie gebaute achteckige Lasörlinghütte am Rande des Glauret lieferte die entscheidenden Impulse für die heutige Beliebtheit des Gipfels. Damit kann die lange Tour gut auf zwei Tage verteilt werden.
Noch vor dem Weiler **Welzelach** startet der Hüttenweg mit einem Steilstück an einem Einzelhof vorbei. Später gelangt man auf ein

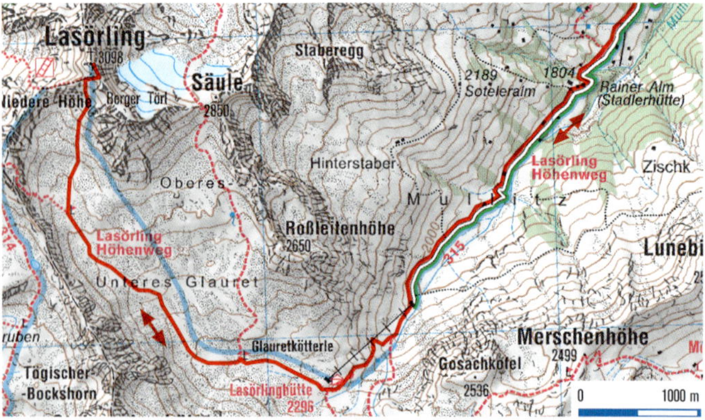

Über dem steinigen Hochkar des Glauret steht die Pyramide des Lasörling.

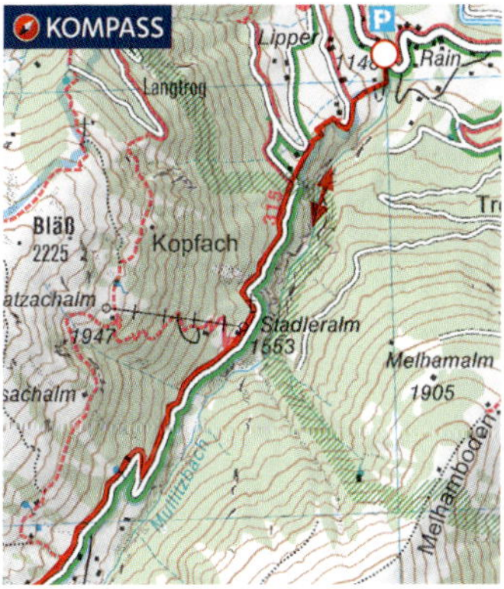

Sandsträßchen, das man weit ins Mullitztal einwärts verfolgt. In größeren Abständen werden **Stadleralm** (1553 m) und **Rainer Alm** (1804 m) passiert, Letztere in schon offenem Gelände. Der breite Fahrweg setzt sich noch bis zur Materialseilbahn auf gut 2000 m fort, bevor der abschließende steilere Abschnitt zur **Lasörlinghütte** (2296 m) über einen üppig mit Alpenrosen bestandenen Hang zu bewältigen ist.

Von unserem Stützpunkt geht es tags darauf relativ flach ins weite, steindurchsetzte **Glauret** hinein. Im Hintergrund grüßt schon das Ziel. Nach rund einer Stunde verzweigen sich die Routen zum Prägrater Törl links (Lasörling-Höhenweg) und zum Gipfel rechts. Allmählich muss aufsteilendes Blockschuttgelände gemeistert werden, in dem die Steigspur vorübergehend auch mal aufgelöst sein kann. Im Allgemeinen findet der Pfad jedoch eine gute Linie durch die Südflanke und erreicht etwa an der 3000-Meter-Marke eine Gratkante, wo der ruppige Zugang aus dem Lasnitzental dazustößt. Rechts haltend hoch zur Kammschneide zwischen beiden Gipfelpunkten und nach links in leichter Blockkraxelei zur Hauptspitze des **Lasörling**. Wie auf dem Präsentierteller liegt nun gegenüber die Venedigergruppe.
Der Abstieg erfolgt auf der gleichen Route oder alternativ durchs Lasnitzental nach Prägraten.

Zunigalm – Ganitzle, 2196 m – Arnitzalm

Kleinode unter dem Großen Zunig

Ausgangspunkt: Parkplatz Guggenberg, ca. 1100 m; Zufahrt von Matrei kurz ins Virgental und dann links.
Gehzeit: Zunigalm 2 Std., Ganitzle 1 Std., Arnitzalm ¾ Std., Guggenberg 1½ Std.; gesamt 5¼ Std.
Höhenmeter: 1100 Hm.
Charakter: Leichte Bergwege und Forststraßen; nur ein gewisses Maß an Ausdauer nötig.
Einkehr: Zunigalm, Arnitzalm.

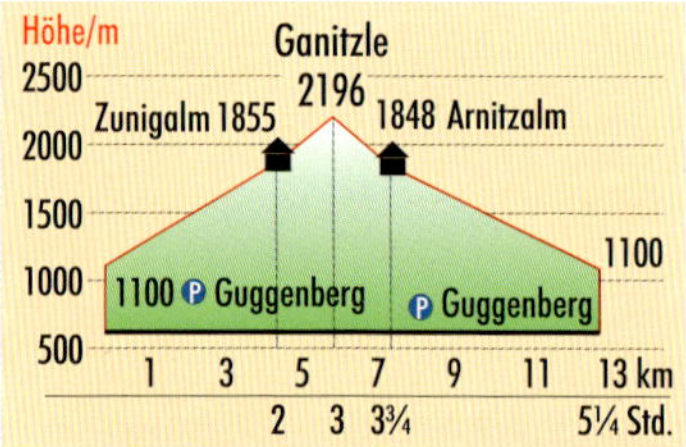

Karte: KOMPASS Nr. 45, 46, 48, 38 oder 39.

Grosser Zunig

Wer sich den Großen Zunig (2776 m) vornimmt, wendet sich auf Höhe des Zunigsees nach links und peilt zunächst einmal das Zunigtörl (Zunigscharte, 2355 m) an. Über den Nordostgrat wird es steiler, teils schottrig bzw. felsig, und daher etwas mühsam, doch legen sich bis zum Gipfel für den Geübten keine ernsthaften Hindernisse in den Weg. Bewertung »rot«, ab Zunigalm knapp 3 Std.

Weit abstreichende Bergrücken – zuoberst felsig, dann über typisches Zwergstrauch- und Mattengelände bis in einen ausgedehnten Waldsockel – prägen das Antlitz des Lasörlingkamms auf der Nordseite. Allenthalben lassen sich dort heimelige Fleckchen ausfindig machen, von denen wir einige zu einer leichten Rundwanderung schließen wollen. Es handelt sich um eine Verbindung von der Zunigalm zur Arnitzalm über den Aussichtspunkt Ganitzle, wobei auch der Zunigsee am Weg liegt. Konditionsstarke können sogar den Großen Zunig aufs Programm setzen.

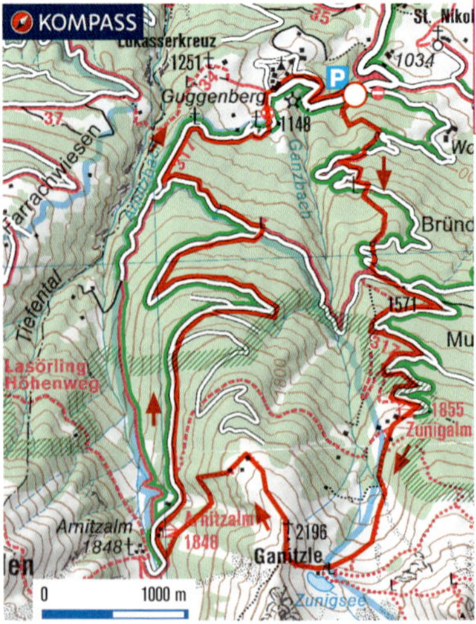

Der Große Zunig mit seinen gegen das Virgental abstreichenden Bergrücken.

Vom Parkplatz **Guggenberg** führt eine etwas eintönige Forststraße in vielen Serpentinen durch den dichten Bründlwald Richtung Zunigalm empor. Zuweilen bieten sich auch einige Abkürzungen an. Knapp oberhalb der Waldgrenze erwartet uns der Wiesenbalkon der **Zunigalm** (1855 m), schon mit herrlichem Blick über das Matreier Becken und das vordere Virgental. Ein Steig führt nun weiter durch Weidegelände und Alpenrosenbestände bergauf zu einer sanften Mulde nordwestlich des mächtigen Großen Zunig, in der wir auf den seichten **Zunigsee** stoßen. Hier rechts haltend noch etwas ansteigend auf den vom Gipfel nordwärts abstreichenden Kammausläufer, der am **Ganitzle** (2196 m) erreicht wird. Dieser Punkt verdient wegen seiner Aussicht eine ausgiebige Rast.

Nachfolgend gehen wir am Bergrücken abwärts und wechseln bei einigen Hüttchen auf die Westseite, um dort die ebenfalls bewirtschaftete **Arnitzalm** (1848 m) anzusteuern. Sie befindet sich gleich hinter dem Arnitzbach im relativ engen Taleinschnitt. Auf der Zufahrtsstraße gelangt man schließlich in weit ausholenden Serpentinen zurück nach Guggenberg.

Die Arnitzalm in typischem Osttiroler Baustil.

Glanzalm, 1975 m

In der Mitte Osttirols

Ausgangspunkt: Ratzell, 1490 m; Zufahrt auf einer Bergstraße aus dem vorderen Defereggental (zwischen Huben und Hopfgarten).
Gehzeit: Aufstieg 2½ Std., Abstieg 1 Std.; gesamt 3½ Std.
Höhenmeter: Knapp 600 Hm.
Charakter: Halbtagestour mit einigen steilen Wegpassagen, am Edelweißweg sogar mit ein paar Fixseilen, insgesamt aber unschwierig.

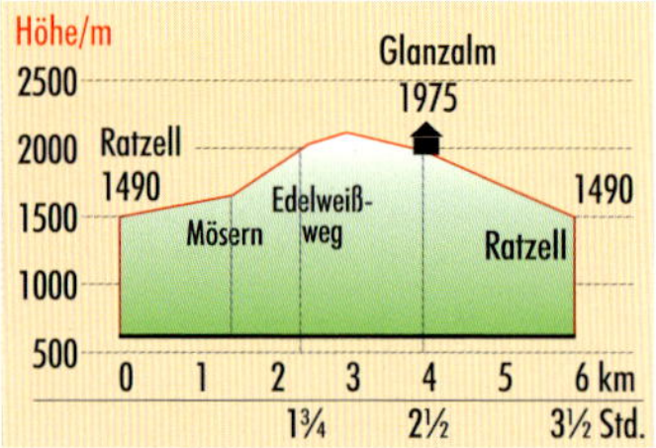

Einkehr: Glanzalm, Ratzell.
Karte: KOMPASS Nr. 45, 46, 48 oder 38.

Der Ort Huben, an der Zusammenkunft von Defereggental, Iseltal und Kalser Tal gelegen, sieht sich gern als Mitte Osttirols. Nicht weit davon entfernt befindet sich die Glanzalm in sonnenverwöhnter Lage auf einer Bergschulter. Dort unterrichtet uns eine Panoramatafel, was wir aus dieser zentralen Position alles bewundern

Bei der Glanzalm sind die Kämme der Schobergruppe ein Blickfang.

können: Es ist vor allem der Bergrahmen von Nord über Ost bis nach Südwest, namentlich die Granatspitz- und Glocknergruppe, das wilde Revier der Schobergruppe sowie die breite Front des Defereggengebirges. Rotes Kögele und Zunig schirmen bergseitig die Glanzalm ab.
Wir starten unsere Rundwanderung im Bergweiler **Ratzell** und wählen für den Aufstieg die längere, nach Westen ausschweifende Route Nr. 31A. Sie steigt am Anfang erst allmählich an, ab der Verzweigung bei **Mösern** (hier rechts) jedoch umso beherzter. Über die offenen oder meist nur licht bewaldeten Südhänge erreicht man die Einmündung in den sogenannten **Edelweißweg** (Nr. 31), der teils als schmaler Pfad im Auf und Ab durch die **Ratzeller Bergwiesen** zieht. Wir queren auf ihm noch die eine oder andere Rinne (etwas ausgesetzte Stellen mit Seillauf) und stoßen dann auf eine markante Verbreiterung: Hier ist im Zuge von Lawinenverbauungen oberhalb jüngst eine maßlose Trasse in die Hänge gefräst worden. Wir müssen damit Vorlieb nehmen, erreichen aber leicht absteigend binnen der nächsten 15 Minuten die **Glanzalm**. Der Panoramapunkt liegt auf der kleinen Anhöhe nebenan.
Der beste Abstiegsweg führt mit Nr. 34 markiert über den südostwärts ausstreichenden Waldrücken. Vor dem **Blößegg** (1714 m) – eine Geländekanzel, die man rasch mitnehmen kann – biegt die Route scharf rechts ab und führt via Glanz zurück nach **Ratzell**.

29

Stanzling, 2715 m

Am steilen Defereggen Sonnenhang

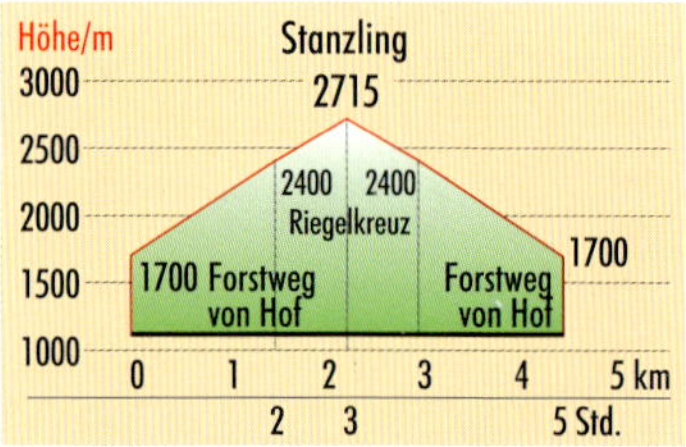

Ausgangspunkt: Hof, 1459 m, Weiler oberhalb von Hopfgarten in Defereggen. Normalerweise ist auch das Befahren der anschließenden Forststraße bis zum Abzweig des Steigs, ca. 1700 m, erlaubt.
Gehzeit: Aufstieg 3 Std., Abstieg 2 Std.; gesamt 5 Std. (ab Hof 1 Std. länger).
Höhenmeter: Gut 1000 Hm, ab Hof 1260 Hm.
Charakter: Teils sehr schmaler Pfad durch abschüssige Grasflanken. Trittsicherheit unbedingt notwendig, bei Nässe nicht ratsam. Normales Tagespensum, aber wegen der Steilheit und Sonnenexposition anstrengend.
Einkehr: Keine.
Karte: KOMPASS Nr. 45, 46 oder 38.

Während der Lasörlingkamm auf der Virger Nordseite eine großräumige Abdachung mit ausgeprägten Taleinschnitten erfährt, bricht er gegen das Defereggental ziemlich unvermittelt ab. Es sind zwar oft »nur« Grasflanken, die in ihrer Steilheit aber durchaus Respekt einflößen können. Da und dort ziehen kleine Pfade zu den Gipfeln hinauf, so auch zum Stanzling oberhalb von Hopfgarten. Wer für die Einsamkeit am Berg eine gewisse Anstrengung auf sich zu nehmen bereit ist, wird mit dieser Tour hochzufrieden sein.
Falls kein Verbot entgegensteht, können von **Hof** aus die Serpentinen einer guten Forststraße noch bis zu jener Stelle befahren werden, wo die Markierung Nr. 30 steil bergwärts weist. Der Waldgürtel ist dann rasch durchschritten. In anhaltender Steilheit zieht der kleine Wiesenpfad durch die Südflanken in die Höhe, da eine geschickte Windung, dort mal ein Quergang, um nachfolgend über eine rückenartige Geländestruktur gut weiter-

Unterwegs zum Stanzling.

Gipfelschau: Der massige Bergkörper des Großen Zunig vor dem Glocknermassiv.

zukommen. Das Grasterrain ist stets abschüssig und nur bei trockenen Verhältnissen sicher zu begehen. Auf ca. 2450 m erreicht man den Absatz mit dem **Riegelkreuz**. Die Steilheit der Flanken wird nun unterbrochen, was Verschnaufpausen schafft. Etwas links haltend zu einem Wegweiser auf 2607 m, wo sich die Anstiege zum Defereggger Riegel und Stanzling trennen. Schräg links durch Schrofen zum Grat hinauf und dort die letzten leichten Meter zum Kreuz des **Stanzling** mit herrlichem Panoramablick in alle Richtungen. Der Abstieg erfolgt auf derselben Route. Wer genügend Lust und Kraft verspürt, kann auch den benachbarten, fast gleichhohen **Defereggger Riegel** (2720 m) noch mitnehmen, allerdings besser nicht über den Verbindungsgrat, sondern mit Zwischenabstieg zu P. 2607. Ein paar steilere Schrofen am Schluss sind nicht schwierig und viel mehr als eine gute halbe Stunde zusätzlich braucht es auch nicht.

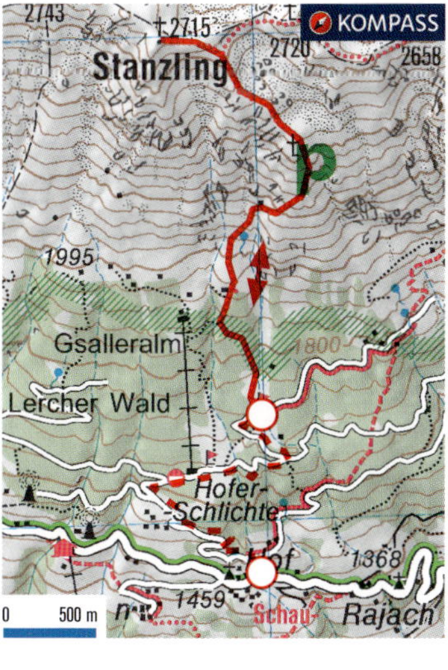

30

Speikboden, 2653 m – Donnerstein, 2720 m

St. Veiter Hausberge

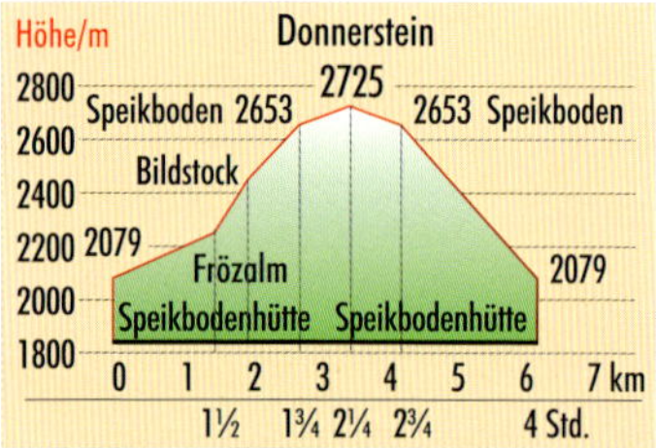

Ausgangspunkt: Speikbodenhütte, 2079 m; geduldete Zufahrt auf einer Almerschließungsstraße von St. Veit in Defereggen.
Gehzeit: Aufstieg Speikboden 1¾ Std., Donnerstein hin und zurück 1 Std., Abstieg 1¼ Std.; gesamt 4 Std.
Höhenmeter: 700 Hm.
Charakter: Bis zum Speikboden harmlose Wiesensteige ohne schwierige oder ausgesetzte Passagen. Beim Übergang zum Donnerstein etwas abschüssigere Hangquerung. Konditionell moderates Programm.
Einkehr: Speikbodenhütte.
Karte: KOMPASS Nr. 45, 46 oder 38.

Wie der Stanzling (Tour 29) erheben sich auch Speikboden und Donnerstein direkt über dem Defereggental. Ihre Besteigung ist jedoch gutmütiger, zumal das Gelände einerseits nicht so steil ist und man zum anderen hier sogar bis auf über 2000 Meter hinauffahren kann. Also eine reizvolle Zwei-Gipfel-Halbtagestour, wie sie eher selten ist, dazu mit gewohnt prächtigem Panorama zwischen den Defereggner Alpen und dem Tauernhauptkamm garniert.
Von der **Speikbodenhütte** führen zwei Routen Richtung Gipfel weg. Wir können beispielsweise zuerst den Fahrweg gen Osten nehmen, der nach einigen sanften Kehren bei der **Frözalm** endet. Ein Wiesensteig leitet weiter hoch zu einer Schulter mit auffälligem Bildstock.

Blick über die Gratverbindung vom Speikboden zum Donnerstein.

Blick über das Defereggental auf die Kämme des Defereggengebirges.

Dort links haltend geringfügig abwärts zur Vereinigung mit der direkteren und phasenweise etwas steileren Route, die weiter westlich durch das Mattengelände oberhalb der Zischkealm führt. Unweit befindet sich ein kleiner Tümpel in der Hangmulde, durch die wir nun in Kehren die Höhe des Westrückens anpeilen. Über den Kamm das letzte Stück zum **Speikboden**.
Der Übergang zum **Donnerstein** zieht knapp rechts des Verbindungsgrates durch die ziemlich steil abfallende Wiesenflanke, ist aber selbst gut ausgetreten. Zuletzt von Süden her zum höchsten Punkt, zu dem auch ein Anstieg von der Zupalseehütte kommt. Der Abstieg erfolgt aber – zwecks Vermeidung einer mehr als umständlichen Rückkehr – auf dem Hinweg.

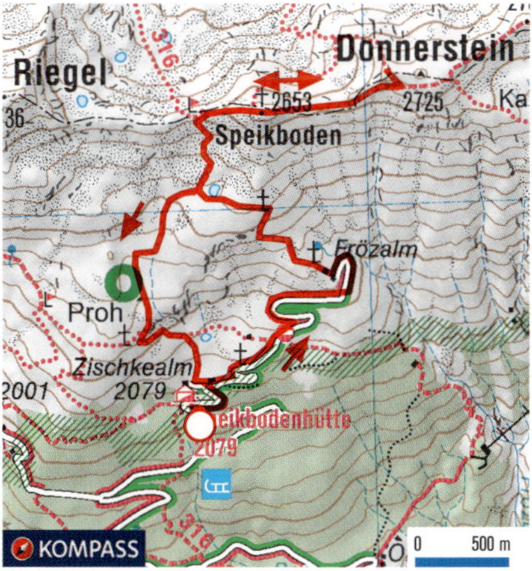

31

Seespitze, 3021 m

Hoch über dem Oberseitsee

Ausgangspunkt: Parkplatz Trogach (Jagerstube), 1735 m; Zufahrt auf einer Bergstraße von St. Jakob in Defereggen.
Gehzeit: Seespitzhütte 2 Std., Seespitze 2 Std., Abstieg nach Trogach 2½ Std.; gesamt 6½ Std.
Höhenmeter: 1300 Hm.
Charakter: Unschwieriger Bergweg bis zum Oberseitsee, anschließend hochalpiner Steig in felsigem Terrain mit vereinzelten Kletterstellen (I). Perfekte Trittsicherheit, alpine Erfahrung sowie ordentliche Kondition nötig.
Einkehr: Seespitzhütte (Übernachtung), Jagerstube.
Karte: KOMPASS Nr. 45, 46 oder 38.

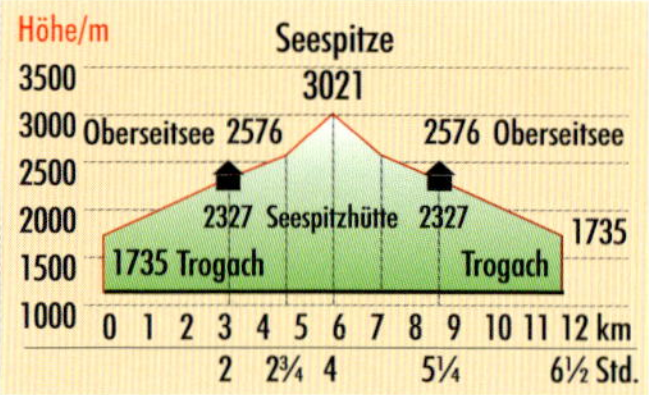

Über dem Oberseitsee ragt die Seespitze in den Himmel.

Eine gemütliche Hütte, ein stattlicher Bergsee und ein stolzer Dreitausender mit einem Panorama vom Venediger und Glockner bis in die Dolomiten sind der Inhalt dieser zünftigen Tour über dem Defereggental. Wer sich die Kraxelei zur Seespitze nicht zutraut, wird also auch darunter schon bestens bedient. Unser Gipfel erhebt sich übrigens im Panargenkamm, ein Name, der selbst bei agilen Berggängern wenig geläufig ist. Unter dem halben Dutzend Dreitausendern in diesem Bergzug zwischen Lasörling- und Rieserfernergruppe ist nur die Seespitze mit einer markierten Route erschlossen.

Die Tour beginnt bei der **Jagerstube** mit dem Anstieg zur Seespitzhütte, bis Gasser Kofel zunächst auf einem Forstweg, später auf dem schräg ansteigenden Steig durch herrliche Mähder. Zwischendurch zwei Abzweigungen zur Reggnalm. Von der **Seespitzhütte** (2327 m) nordwärts hinauf zu einem flachen Karboden

Beim Gipfelanstieg hat man den tiefblauen Oberseitsee zu Füßen.

und weiter über die nächste Geländeschwelle, die den erstaunlich großen **Oberseitsee** (2576 m) verbirgt. Man umkurvt ihn auf der linken Seite und steigt über dem Nordufer steiler und mit etwas Kraxelei garniert zu einer Spornhöhe an. Nach einer Verflachung halten wir uns links und nehmen den Südgrat als Leitlinie. Eine ausgesetzte Plattenquerung ist gesichert, bevor eine bröselige Rinne die letzte kleine Hürde vor dem Blockgipfel der **Seespitze** bildet. Von hier überblickt man nahezu ganz Osttirol!

Im Abstieg folgen wir derselben Route.

32

Blumenweg Oberseite

Ein Defereggger Panoramaweg

Ausgangspunkt: Erlsbach, 1555 m, im hinteren Defereggental.
Endpunkt: St. Jakob in Defereggen, 1389 m; per Bus nach Erlsbach (Fahrplan studieren).
Gehzeit: Erlsbacher Alm 1¾ Std., Seespitzhütte ¾ Std., Oberseite 1 Std., Abstieg nach St. Jakob 1¾ Std.; gesamt 5¼ Std.
Höhenmeter: Knapp 900 Hm.
Charakter: Leichte Höhenwanderung mit weitgehend horizontalem Verlauf, nur Zu- und Abstieg versprechen etwas Anstrengung. Normale Tagestour.
Einkehr: Seespitzhütte (Übernachtung).
Karte: KOMPASS Nr. 45, 46 oder 38.

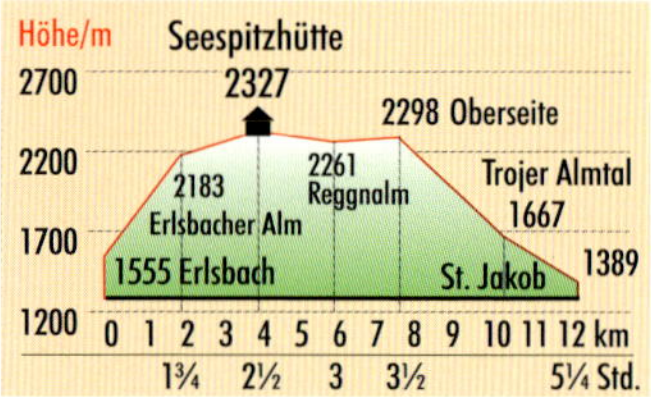

Panoramaweg oder Blumenweg? Die Deklarationen in Karten sowie vor Ort sind beide zutreffend, zieht der Oberseitweg zwischen Erlsbacher Alm und Trojer Almtal doch kilometerweit durch die offenen, südseitigen Mattenhänge über dem hinteren Defereggental. Da wird man mit herrlichen Ausblicken verwöhnt, während es zu unseren Füßen in allen möglichen Farben blüht, zumindest wenn man im Früh- oder Hochsommer unterwegs ist. Auf halber Strecke lädt die gemütliche Seespitzhütte zur Rast.

Von der kleinen Ansiedlung **Erlsbach** im Wald gleich steil bergauf, immer auf der rechten Seite oberhalb der Erlsbachrunse. Weiter oben wird der Steig deutlich angenehmer. Kurz vor der **Erlsba-**

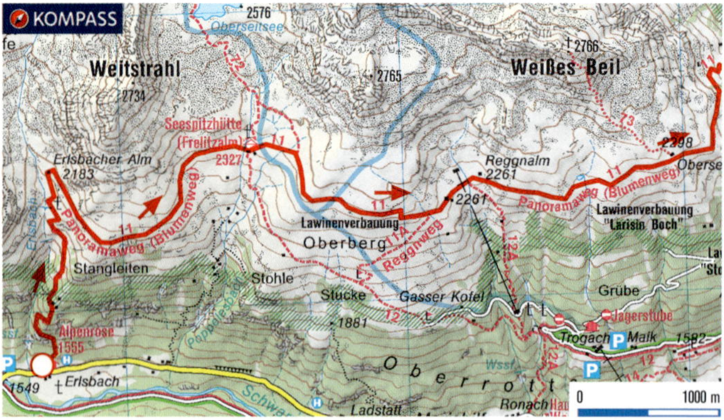

Die Reggnalm verströmt uriges Flair.

cher Alm (2183 m) schwenken wir rechts auf den **Oberseitweg** ein. Dieser umkurvt einen weiten Bergrücken und zieht weiter leicht ansteigend quer durch die Flanken in Richtung **Seespitzhütte** (2327 m), die unmittelbar hinter dem Poppelesbach erreicht wird. Anschließend um den nächsten

Hangrücken herum und in Grundrichtung Ost durch die Lawinenverbauung am Oberberg. Nach geringfügigem Höhenverlust stehen wir vor den urigen Hütten der **Reggnalm** (2261 m), die vielleicht ein Glas Milch bereithält, und steigen auf der anderen Seite dieser Geländeeinbuchtung wieder ganz sachte an.

Der schöne Flankensteig setzt sich Richtung **Oberseite** (2298 m), wo bergwärts eine Route zum Weißen Beil abzweigt, fort und schwenkt dahinter gegen das **Trojer Almtal** ein. Nun verlieren wir zusehends an Höhe, bald sogar in zahlreichen Serpentinen durch Zwergstrauchheiden und Lärchen-Zirben-Wald. In der Talsohle stoßen wir jenseits des Trojer Almbachs auf den Fahrweg, der mit einigen Abkürzern hinaus in den Hauptort **St. Jakob** leitet.

Jagdhausalm, 2009 m

Zur ältesten Alm Österreichs

Ausgangspunkt: Oberhausalm, 1768 m; Zufahrt auf einer Mautstraße aus dem inneren Defereggental (Abzweig hinter Erlsbach).
Gehzeit: Hinweg zur Jagdhausalm 2 Std., retour 2 Std.; gesamt 4 Std.
Höhenmeter: 300 Hm.
Charakter: Breiter Fahrweg oder abschnittsweise auch einfacher Fußsteig. Ohne besondere Steigungen zudem wenig anstrengend, auch für Biker sehr schöne Tour.

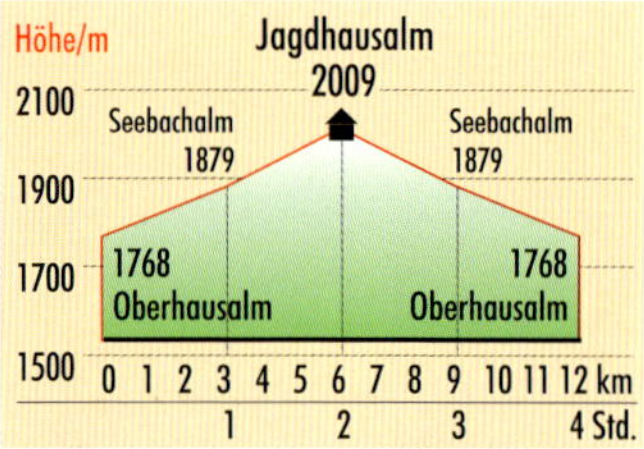

Einkehr: Oberhausalm, Jagdhausalm.
Karte: KOMPASS Nr. 45, 46 oder 38.

Seit nunmehr rund 800 Jahren nachgewiesen, gilt die Jagdhausalm als älteste in ganz Österreich. Zeitweilig war sie als Schwaighof sogar ganzjährig bewohnt, und noch heute vermittelt das Ensemble der alten Steinhäuser ein Ambiente wie aus längst vergangenen Zeiten. Das »Hütten-

Ein Stück Kulturgeschichte: das Hüttendorf der Jagdhausalm.

dorf« steht unter Denkmalschutz, trägt aber nach wie vor angestammte Funktionen in der Almwirtschaft, wobei das Vieh von Südtiroler Bauern über das Klammljoch getrieben wird. Die Wanderung dorthin ist eigentlich nur ein ausgedehnter Spaziergang und entlang dem breiten Talweg von keiner alpinistischen Herausforderung. Aber dass es in Osttirol noch solch ursprüngliche Hochtäler wie jenes der Schwarzach gibt, ist an sich schon ein großer Gewinn ...

Bis zur Gaststätte **Oberhausalm** ist die Anfahrt gestattet. Kurz dahinter setzen wir am besten über den Bach (der Fahrweg verbleibt auf der rechten Seite) und folgen dem Wanderweg entlang der Schwarzach. Nachdem der Oberhauser Zirmwald zurückgeblieben ist, stößt man bei einer Brücke wieder auf die breite, flache Almstraße und begeht diese nun an der **Unteren und Oberen Seebachalm** vorbei. Weiter taleinwärts öffnet sich der Blick ins seitliche Quelltal der Schwarzach, während wir jedoch dem Hauptast des **Arventals** weiter folgen. Nach einem ansteigenden Stück entdecken wir das urige Hüttendorf der **Jagdhausalm** auf der anderen Bachseite. Über einen rechts abzweigenden Steig mit kurzem Zwischenabstieg rasch dorthin.

Wer sich noch weiter ins Arvental hineinbegibt (besonders für Biker interessant), kommt nach einer ausholenden Schleife zum Klammljoch (2288 m) an der Grenze zu Südtirol (zu Fuß gut 1 Std. zusätzlich). Ansonsten marschieren wir auf dem gleichen Weg zurück.

Barmer Hütte, 2591 m

Durchs Patscher Tal

Ausgangspunkt: Patscher Hütte, 1685 m, im hinteren Defereggental; Zufahrt auf mautpflichtiger Straße (ca. 3 km ab Mautstelle kurz hinter Erlsbach).
Gehzeit: Aufstieg 3 Std., Abstieg 2 Std.; gesamt 5 Std.
Höhenmeter: Gut 900 Hm.
Charakter: Anfangs Karrenweg, anschließend gewöhnlicher Bergweg bis in steiniges Alpingelände, ohne besondere Schwierigkeiten. Durchschnittliche Tageswanderung.

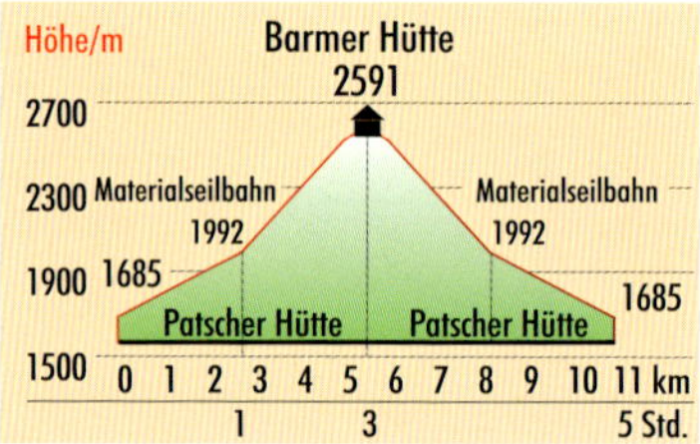

Einkehr: Barmer Hütte, Alpengasthof Patscher Hütte (beide Übernachtung).
Karte: KOMPASS Nr. 45 oder 46.

Wer jemals den Hochgall durchs Patscher Tal im ersten Morgenlicht gesehen hat, kann nur davon schwärmen. Einer der formschönsten und sicher auch einer der anspruchsvollsten Gipfel der Ostalpen. Die Bergsteiger schätzen die Barmer Hütte als wertvollen Stützpunkt, nicht zuletzt aufgrund ihrer guten Führung. Und auch weniger ambitionierte Bergwanderer sollten einmal hier heraufschauen, selbst wenn sie ihren Wirkungskreis ringsum vielleicht etwas eingeschränkt empfinden. Denn die Hüttenwanderung allein ist schon lohnenswert und das alpine Ambiente schlichtweg eindrucksvoll. Vor allem aber lernen wir den rustikalen Stil einer altehrwürdigen Alpenvereinshütte kennen: ohne modernen Schnickschnack und übermäßigen Komfort, aber einfach urgemütlich!

Die Barmer Hütte in den Steinkaren über dem Patscher Tal; (unten) Hochgall und Almerhorn.

Vom Parkplatz bei der **Patscher Hütte** geht es auf breitem Weg mit einer ausgeprägten Schleife bergauf (Abkürzung über die Wiesen). Im Hochtal nähert man sich wieder dem Bachlauf und wandert eine Zeit lang sanft dahin. Bei der Materialseilbahn (1992 m) setzt sich der holprige Fahrweg in einem kleineren Steig fort, der über blockdurchsetzte Weiden weiter in den mächtigen Bergkessel hineinführt. Richtung Talschlussriegel steilt das Gelände spürbar auf, wobei die Trasse nun allmählich nach links hinüberzieht und sich zu einem Hangabsatz nahe der alten Hüttenruine emporwindet. Über Blockwerk lotst uns die Markierung schließlich südwärts durch eine Art Einmuldung und am letzten steinigen Hang hinauf zur **Barmer Hütte**.

Der Abstieg erfolgt auf dem Hinweg.

35

Deferegger Pfannhorn, 2820 m

An der Grenze zum Südtiroler Gsies

Ausgangspunkt: Pötsch, ca. 1540 m, Häusergruppe oberhalb Mariahilf im Defereggental; wenig Parkraum beim Fahrverbot an der Forststraße.
Gehzeit: Hirschbichl 1½ Std., Deferegger Pfannhorn 2 Std., Gsieser Törl 1 Std., Pötsch 1½ Std.; gesamt 6 Std.
Höhenmeter: 1280 Hm.
Charakter: Bergtour auf recht spärlichen Steigen, oft über alpine Matten, zum Gipfel hin leicht felsig, aber ohne Kletterei. Abwechselnd steilere und flachere Passagen. Etwas Trittsicherheit erforderlich, konditionell noch im normalen Rahmen einer Tagestour.
Einkehr: Keine.
Karte: KOMPASS Nr. 45 oder 46.

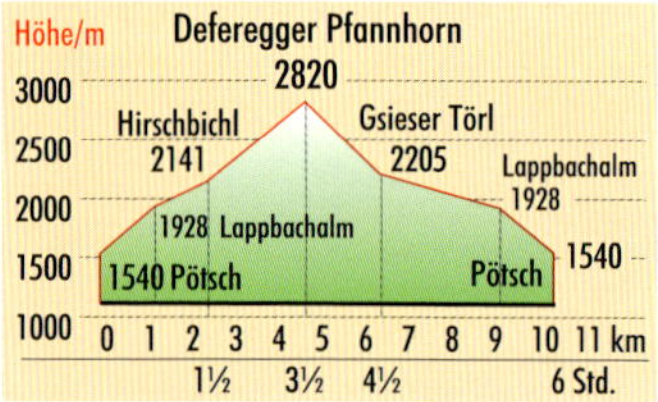

Im hinteren Defereggental ist das Pfannhorn eine der beherrschenden Berggestalten. Den Zusatz seiner Talschaft hat man ihm zwecks Unterscheidung zum Toblacher Pfannhorn gegeben, das rund 12 km weiter südlich aufragt. Aspiranten dürfen sich auf das gebietstypische Gelände von Matten und blockdurchsetzten Hängen einstellen und einem tollen Gipfelpanorama entgegenfiebern. Die schroffe Rieserfernergruppe, der Lasörlingkamm vor den Hohen Tauern und nicht zuletzt die Dolomiten im Süden versammeln sich hier.

Oberhalb der Anwesen von Pötsch bleiben wir nur ganz kurz auf der nach rechts abdrehenden Forststraße und folgen dann einem ziemlich steilen Waldsteig, der zur **Lappbachalm** (1928 m) hinaufzieht. Der Weg gabelt sich hier. Wir entscheiden uns für die Fortsetzung über den **Hirschbichl** (2141 m) und steigen zu dieser weitläufigen Geländekuppe rechter Hand über baum- und

Am Fuße des felsigen Gipfelaufbaus. Bild unten: Im Schlussanstieg zum Defereggger Pfannhorn.

strauchbestandenes Gelände auf. Ein Minisee bleibt knapp abseits. Aus der schwachen Senke dahinter, wo ein Zugang von der Straße zum Staller Sattel mündet, setzt die eigentliche Bergflanke des Pfannhorns an. Vorerst geht es noch über Grashänge, die weiter oben jedoch zunehmend von Schutt und Blöcken abgelöst werden. Leicht links haltend zu einer Art Rücken und damit an die steileren, felsigen Gipfelpartien heran. Dort folgen wir weiter den Steigspuren und erreichen von Nordosten her den höchsten Punkt des **Defereggger Pfannhorns**. Weit öffnet sich nun auch die Schau in Südtiroler Gefilde.

Im Abstieg ca. 200 Hm auf der Anstiegsroute zurück und dann mit einer abzweigenden Markierung rechts in die östliche Flanke. Das Gelände ist hier ganz ähnlich und von geübten Bergwanderern gut beherrschbar. Man gelangt also wieder in die Mattenzone und zum Grenzpass des **Gsieser Törls** (2205 m). Dort wenden wir uns nordwärts und wandern mit Nr. 329 durch das seichte Wiesenhochtal zurück Richtung Lappbachalm, wobei einige feuchte Stellen lästig sein können. Der Schlussabstieg ist vom Hinweg bekannt.

Großer Leppleskofel, 2811 m

Spritztour mit Seilbahnhilfe

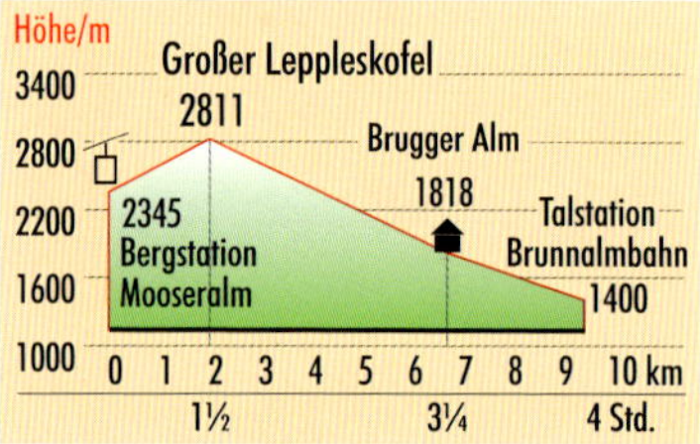

Ausgangspunkt: Bergstation Mooseralm, 2345 m, der Bergbahn von St. Jakob in Defereggen; die Talstation befindet sich 1,5 km vor dem Ort an einer Stichstraße.
Gehzeit: Aufstieg ab Mooseralm 1½ Std., Abstieg 1 Std., weiter über Brugger Alm zur Talstation 1½ Std.; gesamt 2½ bzw. 4 Std.
Höhenmeter: 470 Hm; Talabstieg gut 1400 Hm.
Charakter: Ab Bergstation kurze Bergwanderung, Richtung Gipfel durchaus recht steil, mit elementarer Trittsicherheit aber kein Problem. Ein etwaiger Talabstieg zieht sich.
Einkehr: Brunnalm, Mooseralm, Brugger Alm.
Karte: KOMPASS Nr. 45 oder 46.

Die Nähe der Bergbahn stempelt den Großen Leppleskofel zu einem der meistbestiegenen Gipfel des Defereggengebirges. Hier spart man sich langwierige Zustiege durch den Bergwald, startet vielmehr gleich im Bereich der Hochalmen und kommt damit unvermittelt zur Sache. Für weniger

Die Tour zum Großen Leppleskofel ist ideal für Familien

Konditionsstarke oder Familien mit halbwegs trittsicheren Kindern eine ideale Möglichkeit, Höhenluft zu schnuppern und ein großes Panorama zu genießen. Bis zu Großvenediger, Großglockner und Hochgall reicht die Schau, auch die Sextener Dolomiten lugen hervor. Und wer mit der Kurztour nicht ausgelastet ist, kann ja talwärts den Lift sausen lassen und den Weg über die malerische Brugger Alm wählen ...

Mit der Gondelbahn geht es in erster Sektion zur **Brunnalm** (2055 m) und von dort weiter mit dem Sessellift zur **Mooseralm** (2345 m). Der ausgeschilderte Bergweg leitet uns zunächst in sanftem Gelände zu einer Skiliftstation (2454 m), bevor er sich in Serpentinen zu einer markanten Schulter hinaufwindet. Hier blickt man erstmals in das Hochtal des Brugger Almbachs. In steilem Zickzack überwindet der Steig den schrofigen Gipfelaufbau und führt zuletzt ein paar Meter am Grat entlang zum Kreuz des **Großen Leppleskofels**.

Gleicher Rückweg zur Bergstation oder links daran vorbei im Bereich eines Skiliftes über den Mooserberg nach Westen absteigen (Holzpflöcke signalisieren die günstigste Linie). Bei der unteren Liftstation dreht man links ab und wendet sich zum Brugger Almbach hinab. Auf der anderen Seite talauswärts zum romantischen Hüttendorf der **Brugger Alm** (1818 m), wo uns ein breiter Fahrweg aufnimmt und zurück zur Talstation leitet (die letzte weite Schleife kann auf steilem Steig abgeschnitten werden).

37

Geigensee, 2409 m

Kleinod unterm Regenstein

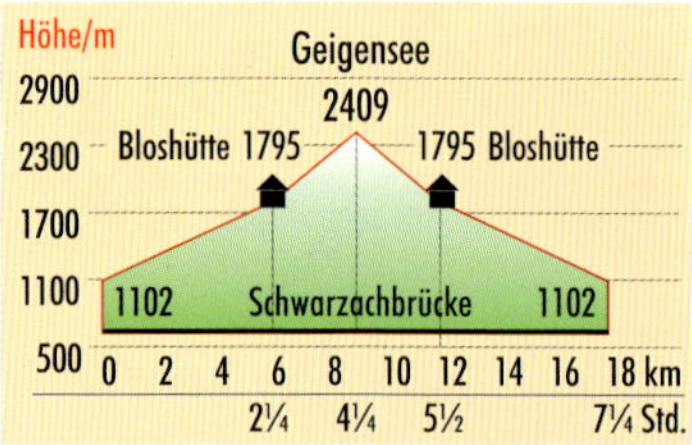

Ausgangspunkt: Schwarzachbrücke, 1102 m, ca. 1 km westlich von Hopfgarten in Defereggen.
Zur Bloshütte, 1795 m, besteht ein Taxidienst, Tel. 04872/5361.
Gehzeit: Bloshütte 2¼ Std. (entfällt mit Taxi), Geigensee 2 Std., Abstieg zur Bloshütte 1¼ Std., bis Schwarzachbrücke weitere 1¾ Std.; gesamt je nach Ausgangspunkt 7¼ oder nur 3¼ Std.
Höhenmeter: 1400 Hm vom Tal aus, 720 Hm ab Bloshütte.
Charakter: Normaler, unschwieriger Bergweg mit ein paar steileren Passagen. Der lange Anmarsch über die Forststraße ins Zwenewaldtal kann per Taxi erheblich abgekürzt werden; auch bestens geeignet für Mountainbiker. In diesem Fall konditionell moderat, sonst einige Marschfreude vonnöten.
Einkehr: Bloshütte (Übernachtung).
Karte: KOMPASS Nr. 45, 46 oder 48.

Am Geigensee ist die Bergidylle perfekt.

Gipfel und Hütten sind die klassischen Bergwanderziele, doch auch ein idyllischer Bergsee kann tiefe Zufriedenheit schenken. Unter den wahrhaft zahllosen »blauen Augen«, die sich zwischen den weit verzweigten Gneis- und Schieferkämmen des Defereggengebirges in die Landschaft betten, ist der Geigensee einer der schönsten. Und ganz in der Nähe gibt es mit dem Pumpersee sogar noch ein weiteres Exemplar.

Von der **Schwarzachbrücke** bei Hopfgarten führt ein für den öffentlichen Verkehr gesperrter Forstweg mit einer weit ausholenden Schleife ins **Zwenewaldtal** hinein. Weit zieht es sich dort. Nachdem Raniges-, Kloitz- und Zwenewaldalm passiert sind, befinden wir uns in der Nähe der **Bloshütte** (1795 m), die auch von einem Hüttentaxi angefahren wird. Man kann die letzte Straßenkurve vermeiden und nun – nach Beschilderung »Regenstein« – direkt in den Einschnitt des Glauritbachs aufsteigen. Der so genannte **Fenstersteig** leitet in Grundrichtung Süd an einer Wasserfallstufe links vorbei, anschließend über einen kleinen Boden und an den folgenden Seeriegel heran. Rechts ausholend berühren wir den Abzweig des Stichweges zum ebenfalls sehenswerten **Pumpersee** (2486 m) und überwinden die Schwelle zum hübsch gewundenen **Geigensee**. Am verschlossenen Geigenseehüttchen vorbei zum Südufer erhascht man den reizvollsten Blick über das Gewässer mit dem Großglockner im Hintergrund.

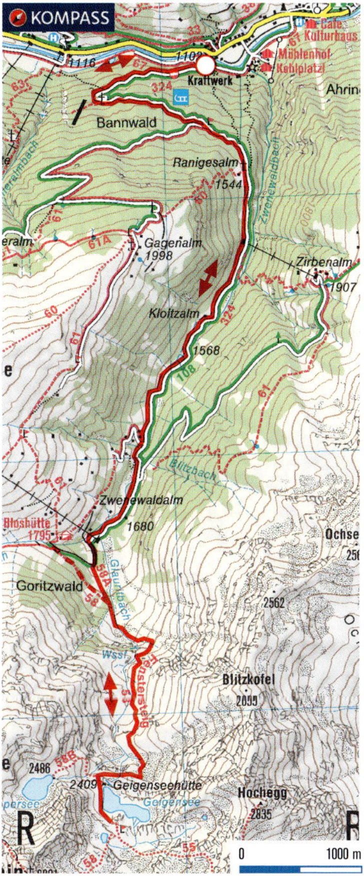

Der Rückweg ist gleich.

AUF DEN REGENSTEIN

Wer dennoch ein Gipfelziel schätzt, kann vom Geigensee den Aufstieg über Schafweiden und Blockschutt bis zum aussichtsreichen Regenstein (2891 m) fortsetzen; »rot«, ca. 1½ Std.

Böses Weibele, 2521 m

Am östlichen Ausläufer des Defereggengebirges

Ausgangspunkt: Hochsteinhütte, 2025 m; Zufahrt über eine Mautstraße, die in Bannberg von der Pustertaler Höhenstraße abzweigt. Alternativ von Lienz mit dem Hochsteinlift zur Sternalm, 1505 m, und dann zu Fuß in 1½ Std. zur Hochsteinhütte (eher wenig lohnend).
Gehzeit: Aufstieg 2 Std., Abstieg 1½ Std.; gesamt 3½ Std.
Höhenmeter: 500 Hm.
Charakter: Leichter, wenig beschwerlicher Bergwanderweg entlang einem lang gezogenen Kammrücken. Halbtagestour.
Einkehr: Hochsteinhütte (Übernachtung).
Karte: KOMPASS Nr. 47 oder 48.

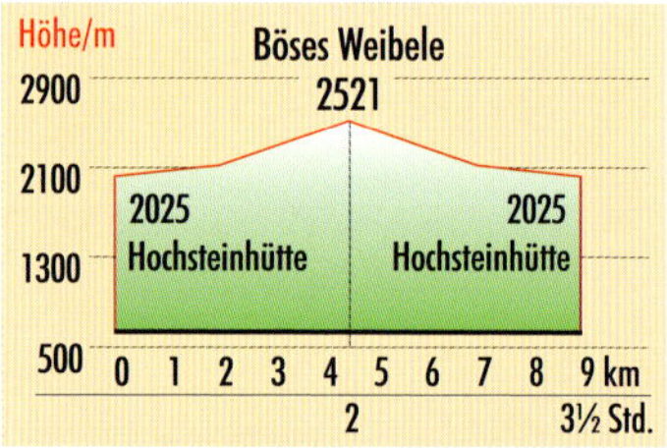

Das Böse Weibele fällt als erster Felsgupf im Winkel zwischen Pustertal und Iseltal, die sich bei Lienz vereinigen, ins Auge. In dieser vorteilhaften Position spannt sich ein großartiges Panorama auf, an dem sich im Übrigen praktisch vom ersten Schritt an berauschen lässt. Denn durch den Anschluss an eine Bergstraße

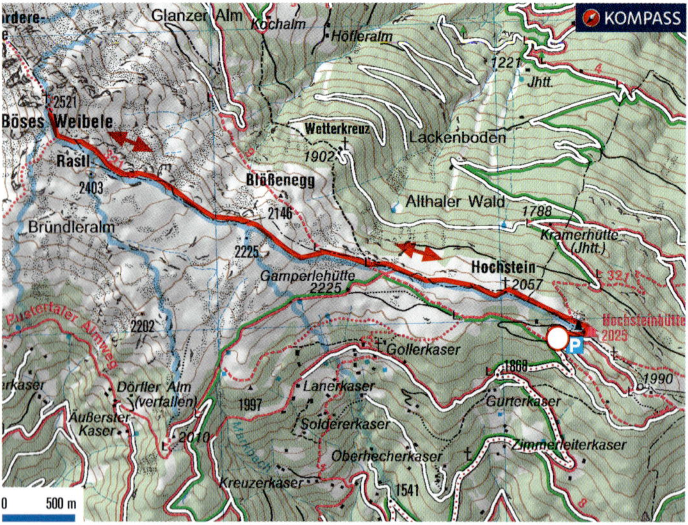

Unterwegs am Höhenrücken zum Bösen Weibele.

startet man schon auf 2000 Metern, womit das Böse Weibele zu den absoluten Genussgipfelzielen in Osttirol avanciert. Entsprechend rege ist der Besuch.

Vom Parkplatz in wenigen Minuten zur **Hochsteinhütte** und anschließend dem breiten Kammweg (Nr. 321) folgend. Bald wird die Kuppe des **Hochsteins** (2057 m) überschritten. Stets über den freien, aussichtsreichen Bergrücken streben wir nordwestwärts unserem Gipfelpunkt entgegen, Abzweigungen nach links und rechts bleiben derweil unbeachtet. Die Strecke zieht sich allerdings ein wenig und steigt vorerst nur wenig an. Erst zum Ende hin wird der Weg ein wenig steiler und schrofiger. Ohne besondere Hindernisse erreichen wir jedoch die Gipfelblöcke und das Kreuz auf dem **Bösen Weibele**.

Der Abstieg erfolgt normalerweise auf dem Hinweg. Nur wer konditionsstark ist, könnte die **Vordere** und **Hintere Lavantspitze** (2546 m) überschreiten, teils pfadlos zum Waldhuberkaser absteigen und danach über den verschlungenen **Pustertaler Almweg** zur Hochsteinhütte zurückwandern. Die Gesamtgehzeit beträgt dann etwa 7 Std. (Einstufung »rot«).

39

Gölbner, 2943 m

Überschreitung aus dem Winkeltal

Ausgangspunkt: Tilliachbrücke im Winkeltal, ca. 1500 m, nahe der Reiterstub'n; Zufahrt von Außervillgraten.
Gehzeit: Tilliachalm 1½ Std., Gölbner 2½ Std., Straßalm 1¾ Std., Reiterstub'n 1¼ Std.; gesamt 7 Std.
Höhenmeter: 1440 Hm.
Charakter: Durchgängig markiert, aber speziell im Mattenbereich nicht überall deutlicher Steig. Einige steile, manchmal auch rutschige Abschnitte sind mühsam, die kurze Kletterstelle am Südgrat dagegen eher harmlos.

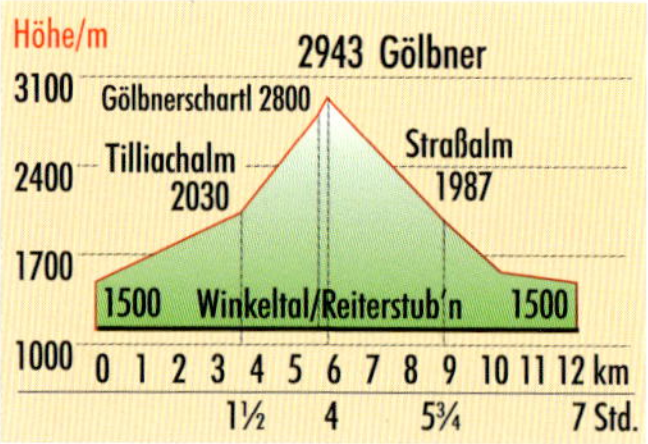

Gute Trittsicherheit und Kondition wichtig.
Einkehr: Reiterstub'n (im Tal).
Karte: KOMPASS Nr. 45, 47, 48 oder 58.

Der Gölbner gehört zu den höchsten Punkten in der grau-grünen Gipfelflur des Defereggengebirges. Er reckt sein stumpfes Haupt zwischen dem Villgrater Winkeltal und dem Kristeinertal in den Himmel und kann von beiden Seiten aus bestiegen werden. Von Westen gibt es sogar zwei Routen, die prima kombiniert werden können. Matten und Blockschutt legen dem Trittsicheren kaum Hindernisse in den Weg, nur der beachtliche Höhenunterschied verlangt Beharrlichkeit, auf dass man sich das tolle Panorama auch redlich verdiene ...

Kurz vor dem Gasthaus Reiterstub'n im Winkeltal setzen wir an der **Tilliachbrücke** über den Bach und beginnen unsere Tour auf einem Wirtschaftsweg, der im Winter als Naturrodelbahn dient. Nach einigen Kehren bei der Gabelung rechts weiter und damit in das Tal des Tilliachbachs hinein. Dieser wird später überschritten, bevor neuerliche Serpentinen und ein letzter Auf-

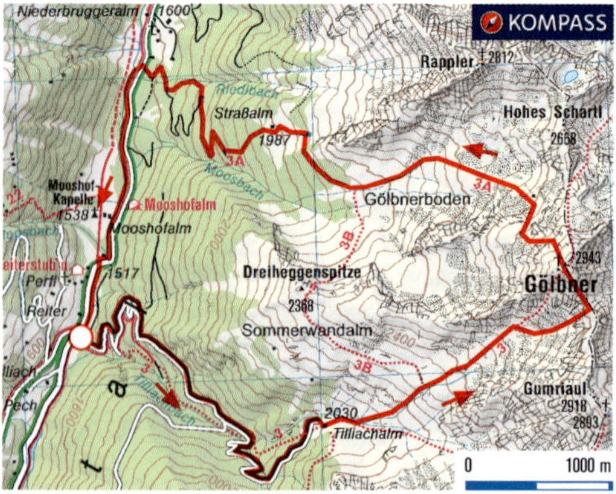

Gipfelschau von einem der höchsten Punkte im Defereggengebirge.

wärtsbogen des Sandsträßchens zur **Tilliachalm** (2030 m) führen. Matten wechselnder Steilheit prägen den weiteren Verlauf, wobei wir uns kurz hinter der Alm bei einer Verzweigung links halten müssen (Nr. 3). Im Bereich einer feuchten Runse ist der Pfad vorübergehend etwas unangenehm, doch gelangt man bald auf einen flacheren Karboden, wo sich die Spuren teilweise verlieren. Aufmerksam den Markierungen folgend ins hintere Kar und in aufsteilendem Blockschuttgelände mühsam zum **Gölbnerschartl** (ca. 2800 m), das unseren Berg vom benachbarten Gumriaul trennt. Knapp rechts vom Südgrat empor, einmal über eine kurze Kletterstelle (I) und über die letzten Rasenflecken leicht zum Gipfel des **Gölbners**.

Die Abstiegsroute (Nr. 3A) führt in die Nordwestflanke, die aus steilen Schuttflächen besteht, aber bergab recht gut zu begehen ist (nicht dem Grat weiter rechts folgen!). Geschickt laviert die Spur tiefor und trifft auf den ersten Hochboden am Fuße des Rapplers. Schafmatten lösen das karge Gelände ab und geleiten uns karauswärts zum **Gölbnerboden**. Durch erste Alpenrosenbestände, bald auch Strauchwerk und lichten Wald, verlässt man den weiten Hochkessel und steigt rechts haltend weiter Richtung **Straßalm** (1987 m) ab. Vorerst noch ein Stück auf dem Steig tiefer, ehe uns die Kehren eines breiten Forstweges aufnehmen und hinunter ins **Winkeltal** bringen. Dort marschiert man noch knapp 2 km talauswärts bis zum Ausgangspunkt der Tour.

Großes Degenhorn, 2946 m

Von der Volkzeiner Hütte

Ausgangspunkt: Volkzeiner Hütte, 1884 m, im inneren Winkeltal; Zufahrt von Außervillgraten auf einer mautfreien Naturstraße.
Gehzeit: Schrentebachboden 1½ Std., Degenhornsee 1¼ Std., Großes Degenhorn ¾ Std., Abstieg 2 Std.; gesamt 5½ Std.
Höhenmeter: 1070 Hm.
Charakter: Alpine Steige, phasenweise steil und spärlich, aber ohne Ausgesetztheit oder Kletterstellen. Für Trittsichere demnach unschwierig, konditionell normales Tagespensum.
Einkehr: Volkzeiner Hütte (Übernachtung).
Karte: KOMPASS Nr. 45 oder 46.

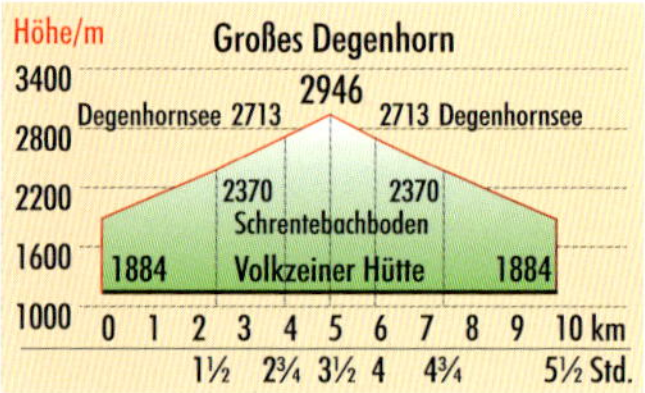

Ein weiterer Fast-Dreitausender des Defereggengebirges ist das Degenhorn, um das sich ein relativ dichtes Wegenetz spannt. So kann man diesen Berg von drei verschiedenen Seiten angehen, zum Beispiel von der Volkzeinalm im innersten Winkeltal. Die vermeintliche Einförmigkeit, mit der das Defereggengebirge mitunter unterschätzt wird, lässt sich hier aufs Feinste entkräften, denn die Tour bietet etliche Szenenwechsel und Überraschungsmomente wie den hoch gelegenen Degenhornsee. Und der weit gereiste Ludwig Purtscheller, Bergpionier des 19. Jahrhunderts, urteilte einst, dass ein Besuch dieser »Hochzinne« für eine Gesamtübersicht unerlässlich sei ...
Vom Parkplatz vor der **Volkzeiner Hütte** bleiben wir auf der linken Bachseite und steigen mit Nr. 326 schräg die Hänge hinauf. Nach Überschreiten des Geländeriegels mit Wasserfall tut sich der ebene **Schrentebachboden** auf, wo links Route Nr. 327 zur Hochgrabe abzweigt. Wir halten uns hingegen rechts (kurzfristig etwas undeutlich markiert), überschreiten den sumpfigen Boden und wenden uns

Blick über die tiefe Karmulde des Degenhornsees.

Das Große Degenhorn in der Nordansicht.

der nächsten Hangpartie zu. Über felsdurchsetztes Grasterrain hinauf zu einem weiteren flachen Hochboden. Nach rechts könnte auf einem Stichweg der **Falkommsee** (2632 m) erkundet werden. Geradeaus hingegen bringt uns ein Steilstück über die folgende Karstufe zum Juwel des **Degenhornsees**, der mit seinen 2713 m wohl den Höhenrekord aller Bergseen des Defereggengebirges innehat. Wir passieren ihn links und steigen im jetzt nur noch steinigen Gelände fast bis aufs **Kleine Degenhorn** (2849 m), das eher einer Bergschulter gleicht. Nach rechts eindrehend über den Verbindungsgrat und den sandigen Schlusshang zum **Großen Degenhorn**.

Im Abstieg über die verschiedenen Karschwellen hinab bis zum Schrentebachboden, wo man zur Abwechslung links abdreht, um mit Steig Nr. 19 auf der anderen (nördlichen) Seite des Geländeeinschnitts über die **Heinkaralm** zur **Volkzeiner Hütte** zurückzukehren.

41

Weiße Spitze, 2962 m

Steil über der Oberstalleralm

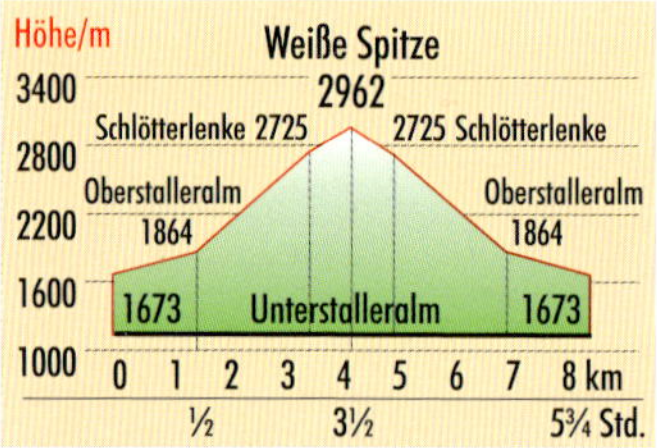

Ausgangspunkt: Unterstalleralm, 1673 m; Zufahrt von Innervillgraten und bei der Talverzweigung rechts. Bis Oberstalleralm nur mit Berechtigungsschein.
Gehzeit: Aufstieg 3½ Std., Abstieg 2¼ Std., gesamt 5¾ Std.
Höhenmeter: 1290 Hm.
Charakter: Markierter Bergpfad von phasenweise beachtlicher Steilheit. Grashänge, erdiger Schutt und ein felsiger Gipfelgrat, der zweimal die Unterstützung der Hände verlangt, lösen sich ab. Ausgeprägte Trittsicherheit und solide Kondition nötig.
Einkehr: Unterstalleralm.
Karte: KOMPASS Nr. 45.

Als höchster Gipfel des gesamten Defereggengebirges, das in dieser Gegend auch unter der Bezeichnung Villgrater Berge aufscheint, ist die Weiße Spitze natürlich ein attraktives Ziel. Ganz einfach ist sie allerdings nicht zu haben, zeigen sich doch nach allen Seiten respektable, oft gar ziemlich morsche und zerfurchte Schrofenflanken. Die schwächsten Stellen nutzt der übliche Anstieg aus dem idyllischen Almtal des Stallerbachs (das oberhalb der markanten Biegung seinen Ursprung im abgeschiedenen Arntal hat). Erwähnenswert: Gemeinsam mit ihrem Zwilling, der Roten Spitze, gehört die Weiße Spitze halb zu Villgraten, halb zu Defereggen – und beide benennen sie kurioserweise jeweils umgekehrt, und zwar sehr beharrlich ...
Zu Beginn folgen wir der asphaltierten Straße zum Hüttendorf der **Oberstalleralm** (1864 m), das als geschlossenes Ensemble wettergegerbter Holzhäuser mit gemauertem Kirchlein in der Mitte alle Zeiten überdauert hat und so recht das traditionelle Almleben verkörpert. Noch ein kurzes Stück flach wei-

Wie Zwillinge: Rote und Weiße Spitze von Südwesten.

Blick über die Oberstalleralm auf die Grenzberge zwischen Villgraten und Gsies.

ter ins Arntal, bis nach links der Anstieg zur Weißen Spitze (Nr. 17) ausgewiesen wird. Nach Überschreiten der talnahen Wiesen geht es am steilen Troghang zur Sache. Der kleine Steig gewinnt über Schafweiden zügig an Höhe. Von einem Grasabsatz zur Rechten orientiert man sich wieder mehr nach links und erreicht einen Hochboden oberhalb der Wasserfallstufe. Derweil tauchen am südlichen Horizont immer mehr Dolomitenspitzen über den grünen Vorkämmen auf. Kareinwärts wird das Gelände wieder steiler und zeigt sich hinauf zur **Schlötterlenke** (2725 m), dem tiefsten Punkt zwischen Roter und Weißer Spitze, auch teilweise vermurt.

Im finalen Anstieg zur **Weißen Spitze** begehen wir im Wesentlichen den Westgrat über Fels und Schutt, zwischendurch sowie ganz am Schluss mit einzelnen kurzen Kraxelstellen garniert.

Der Abstieg erfolgt auf der gleichen Route.

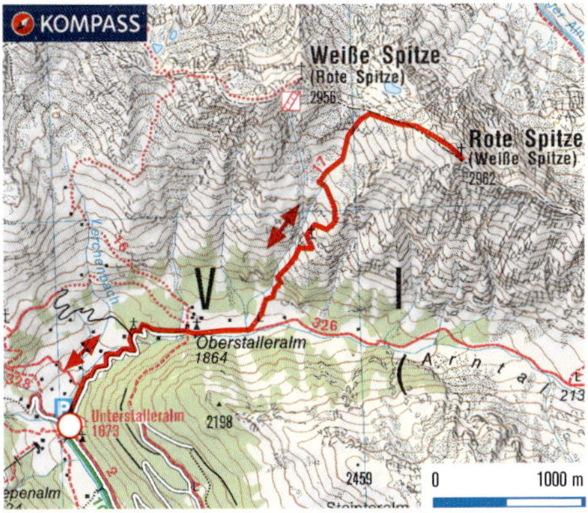

Bonner Höhenweg

»Entlang den Jöchern«

Ausgangspunkt: Kalkstein, 1639 m, im Talschluss von Villgraten.
Gehzeit: Pfanntörl 2½ Std., Bonner Höhenweg bis Kalksteinerjöchl 2 Std., Abstieg nach Kalkstein 1¼ Std.; gesamt 5¾ Std.
Höhenmeter: Knapp 1000 Hm.
Charakter: Generell unschwierige Bergwanderwege, nur bei Nässe hier und da etwas unangenehm. Elementare Trittsicherheit vorteilhaft, dazu Ausdauer für eine durchschnittliche Tagestour.

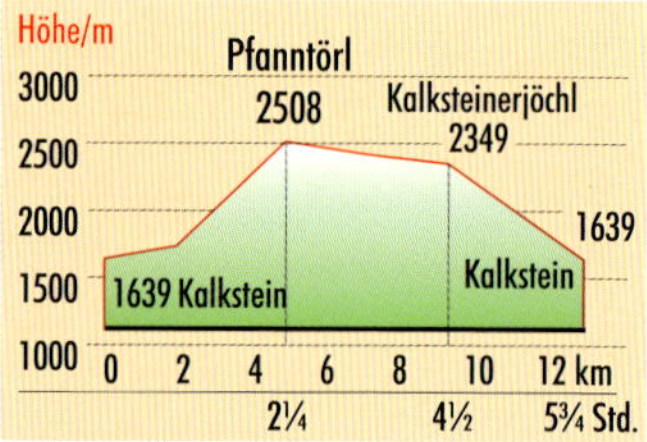

Einkehr: Kalkstein.
Karte: KOMPASS Nr. 45, 46 oder 58.

»Über die Jöcher« lautet eine Wanderinitiative, die gemeinsam vom Osttiroler Villgraten und dem Südtiroler Gsies betrieben wird, und zwar in Anlehnung an die starken historischen Verflechtungen, die zwischen diesen benachbarten Talschaften bestanden haben. Erst die willkürliche Staatsgrenze nach dem Ersten Weltkrieg brachte eine scharfe Zäsur. Der vor rund einem Jahrhundert vom Alpenverein angelegte Bonner Höhenweg berührt einige dieser Übergänge zwischen Villgraten und Gsies, verläuft selbst jedoch quasi kammparallel und hält damit die Höhe. Einen guten Teil davon können wir von Kalkstein aus in einer Tagestour erwandern.

Vom Parkplatz in **Kalkstein** auf dem südwestwärts ansteigenden Güterweg an der **Alfenalm** (1700 m) vorbei zu einer Talverzweigung. Hier rechts weiter ins Alfen-

Der Bonner Höhenweg verspricht schöne Ausblicke in die Villgrater Berge.

tal und zur **Ruschler Alm**, wo aus dem Fahrweg ein kleiner Steig wird. Ziemlich erdig führt uns dieser über Matten in die Höhe und steuert schließlich auf das **Pfanntörl** (2508 m) im Grenzkamm zu Südtirol zu. Unmittelbar davor treffen wir auf den **Bonner Höhenweg** (Nr. 12), dem wir nach rechts quer durch die Ostflanke des Gaishörndls folgen. Wir tangieren die **Grubers Lenke** (2486 m), bleiben aber diesseits und passieren auch die folgenden Kammerhebungen auf Osttiroler Boden. Von einer Geländeschulter zweigt ein Weg über die Versellscharte ab. Wir verlieren indessen in einer Karmulde etwas an Höhe, lassen eine Hirtenhütte hinter uns und queren stets weiter durch die Mattenhänge, nun wieder leicht aufwärts bis zum **Kalksteinerjöchl** (2349 m). Eine Infotafel erzählt von einstmals regem Schmugglerverkehr zwischen hüben und drüben. Während sich der Bonner Höhenweg in nördlicher Richtung fortsetzt, leiten wir von hier den Talabstieg ein. Auf etwas rutschigem Pfad abwärts zu einer Almstraße und auf dieser stets rechts vom Roßtalbach an der Oberliper und Unterliper Alm vorbei zurück nach **Kalkstein**.

Toblacher Pfannhorn und Bonner Hütte

Aus dem Pfanntörl lohnt sich ein Abstecher auf das Toblacher Pfannhorn (2663 m), das vis-à-vis der Sextener Dolomiten als einer der schönsten Aussichtsberge weit und breit gerühmt wird. Eine halbe Gehstunde unterhalb auf Südtiroler Seite lockt die Bonner Hütte (2347 m), in den meisten Karten noch als Ruine eingetragen, zur Einkehr. Einst vom Alpenverein errichtet, war sie lange Zeit verwahrlost, bis sie jüngst in Privatinitiative wieder ausgebaut und 2007 ihrer Bestimmung übergeben wurde.

Rund um den Thurntaler

Zwischen Villgraten und Hochpustertal

Ausgangspunkt: Thurntaler Rast, 1976 m; Zufahrt auf mautfreier Bergstraße von Außervillgraten. In der Hauptsaison auch Seilbahn von Sillian-Heinfels zur Bergstation Gadein, ca. 2100 m.
Gehzeit: Astattsattel 1¾ Std., zurück zur Thurntaler Rast via Unterwalderalm 1¾ Std.; gesamt 3½ Std.
Höhenmeter: Etwa 500 Hm.
Charakter: Leichte Bergwanderwege, moderate Steigungen und ohne ausgesetzte Stellen. Eine wenig anstrengende Genusstour.
Einkehr: Thurntaler Rast, Gadein.
Karte: KOMPASS Nr. 45 oder 58.

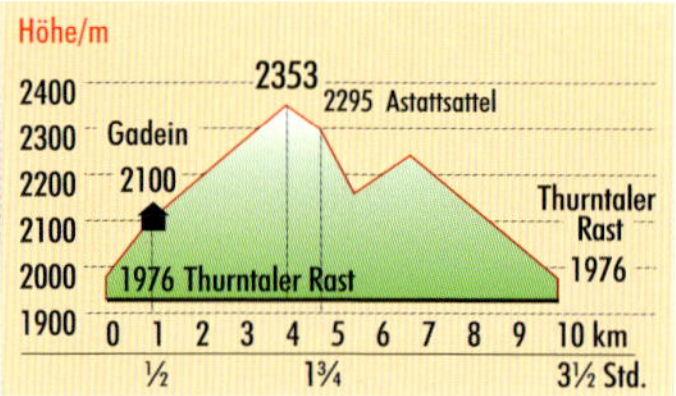

Am Thurntaler befindet sich das Sillianer Skigebiet. Obgleich solcherlei stets gewisse Zwiespältigkeiten birgt, halten sich die landschaftlichen Beeinträchtigungen noch im erträglichen Rahmen, sodass auch Sommerwanderungen in diesem Gebiet empfohlen werden können. Das gilt insbesondere für Menschen, die sich nicht verausgaben und einen hohen Ausgangspunkt nutzen wollen, um in den Genuss toller Panoramablicke zu kommen. Auf der Rundtour um den Thurntaler gibt es davon genug: Richtung Karnischer Hauptkamm und Sextener Dolomiten einerseits sowie in die Villgrater

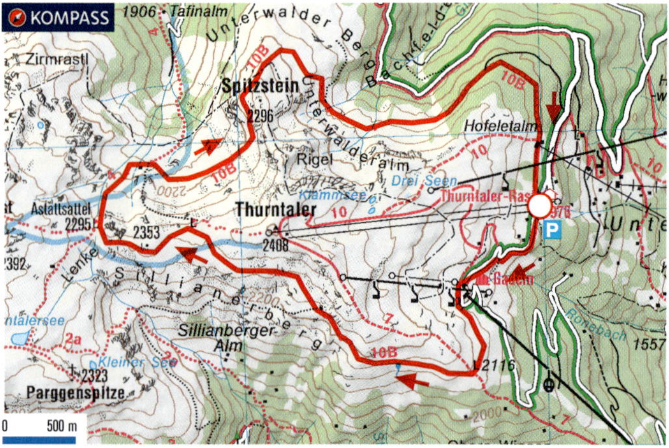

Sommeridyll am Thurntaler.

Berge andererseits. Von den lokalen Wegweisern sollte sich indes niemand entmutigen lassen – selbst bei verhaltener Gangart wird man die angegebenen fünf Stunden kaum ausschöpfen.
Vom Parkplatz bei der **Thurntaler Rast** folgen wir dem südwestwärts ansteigenden Fahrweg mit der Bezeichnung 10B. Man kommt in Kürze zur Bergstation **Gadein** und weiter zum **Alpeggele** (2116 m), einer aussichtsreichen Hangkante, wo ein Steig zum Gipfel des Thurntalers abzweigt. Wir bleiben am breiten Karrenweg, der in den offenen Südflanken leicht ansteigt und bei der **Äußeren Hochalmhütte** (2215 m) in einen schmaleren Fußsteig übergeht.
Bald wird im kupierten Areal des Bergrückens nach rechts nochmals der Thurntaler ausgewiesen (womit faktisch auch eine Überschreitung möglich wäre), während unser Weg links weiterführt und nach Querung eines Rutschhanges leicht absteigend den **Astattsattel** (2295 m) erreicht.
Vom Sattel mit Nr. 4 nordwärts hinab zu einer Holzhütte, dann aber nicht der Fortsetzung durchs Tafintal nach Innervillgraten folgen, sondern rechter Hand am Hang queren (wieder mit 10B markiert). Durch Alpenrosengebüsch geht es im Bogen leicht aufwärts. In der Folge wird der Spitzstein weit ausholend umkurvt, bevor man allmählich absteigend den Kessel der **Unterwalderalm** ausgeht. Schließlich um den letzten ausgeprägten Hangrücken (mit Unterstandshütte) herum zu einer Waldtraverse Richtung Hofeletalm und damit zurück zur **Thurntaler Rast**.

Sillianer Hütte – Hornischegg, 2550 m

Über das Heimkehrerkreuz

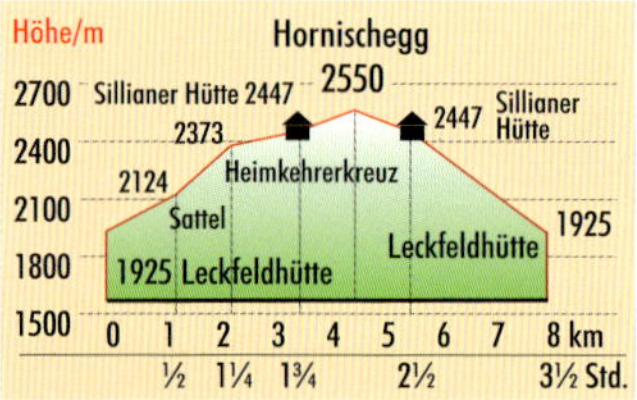

Ausgangspunkt: Leckfeldhütte, 1925 m; Zufahrt von Sillian über eine 7 km lange Forststraße (auch per Taxi-Zubringer möglich); zu Fuß gut 2 Std.
Gehzeit: Heimkehrerkreuz 1¼ Std., Sillianer Hütte ½ Std., Hornischegg und zurück ¾ Std., Abstieg Leckfeldhütte 1 Std.; gesamt 3½ Std.
Höhenmeter: 650 Hm.
Charakter: Bis auf ein kurzes Steilstück zwischen Sattel und Heimkehrerkreuz leichte und kurze Bergwanderung. Mit elementarer Trittsicherheit problemlos.
Einkehr: Sillianer Hütte, Leckfeldhütte (beide Übernachtung).
Karte: KOMPASS Nr. 47 oder 58.

Genau auf der Höhe des Karnischen Hauptkamms, an der Grenze zwischen Ost- und Südtirol, steht die Sillianer Hütte mit ihrem Galablick in die Sextener Dolomiten. Zumal die unterhalb gelegene Leckfeldhütte mit dem Auto erreichbar ist, kommt man recht schnell in den Genuss dieses herrlichen Panoramas. Da liegen allemal noch eine Schleife über das Heimkehrerkreuz sowie ein Abstecher zu einem der nahen Kammgipfel, etwa das Hornischegg, drin. Konfrontiert wird man dabei aber auch mit einem düsteren Kapitel der Geschichte: Im Ersten Weltkrieg verlief die Front genau hier über die Gipfel der Karnischen Alpen ...

Ab **Leckfeldhütte** folgt man nur kurz dem für den öffentlichen Verkehr gesperrten Wirtschaftsweg zur Sillianer Hütte und hält sich dann rechts an eine andere breite Trasse, die sich in Serpentinen zum **Sattel** (2124 m) hinaufschraubt. Dort geht es auf einem schmalen Steig weiter über eine kleine Anhöhe und

Die Sillianer Hütte am Westende des Karnischen Höhenwegs.

Das Hornischegg ist einer der Kammgipfel.

bald steil und etwas verschlungen zwischen Bäumen und Felsschrofen hindurch. Man peilt das weithin sichtbare **Heimkehrerkreuz** (2373 m) an, das etwas einfacher auch von hinten über den Weg Nr. 13 (Abzweig vom Direktweg zur Sillianer Hütte) zu erreichen wäre. Prächtige Aussicht über das Pustertal! Nun wählen wir Nr. 14 und queren annähernd horizontal unter dem Füllhorn entlang in den **Leckfeldsattel** am Grenzkamm, wo sich erstmals der volle Blick auf die Sextener Dolomiten öffnet. Wenige Schritte oberhalb empfängt uns die **Sillianer Hütte** (2447 m). Die Fortsetzung führt unter Umgehung der Hochgruben (2538 m) an alten Militärbaracken vorbei zu einem weiteren Kammsattel, von wo das **Hornischegg** (2550 m) auf dem nach rechts ansteigenden Weg rasch gewonnen ist. Etwas weiter wäre es zur kreuzgeschmückten **Hollbrucker Spitze** (2580 m). Den Abstieg nehmen wir anschließend von der Sillianer Hütte bzw. dem Leckfeldsattel direkt über die nordseitige Hangmulde der Leckfelder. Mit den Kehren des breiten Schotterweges zügig zurück zum Ausgangspunkt.

Pfannspitze, 2678 m

Über den malerischen Obstanser See

Ausgangspunkt: Wanderparkplatz, ca. 1400 m, oberhalb des Sportzentrums von Kartitsch am Eingang ins Winkler Tal.
Gehzeit: Obstanserseehütte 2½ Std., Pfannspitze 1 Std.; Abstieg über Obstanser Sattel 2¾ Std.; gesamt 6¼ Std.
Höhenmeter: 1280 Hm.
Charakter: Bergwanderung auf meist gut ausgebauten Wegen, im felsigen Gipfelbereich Trittsicherheit angezeigt. Tagestour, die solide Kondition verlangt, aber auch schon bis zum Obstanser See lohnend ist.
Einkehr: Obstanserseehütte (Übernachtung).
Karte: KOMPASS Nr. 47 oder 58.

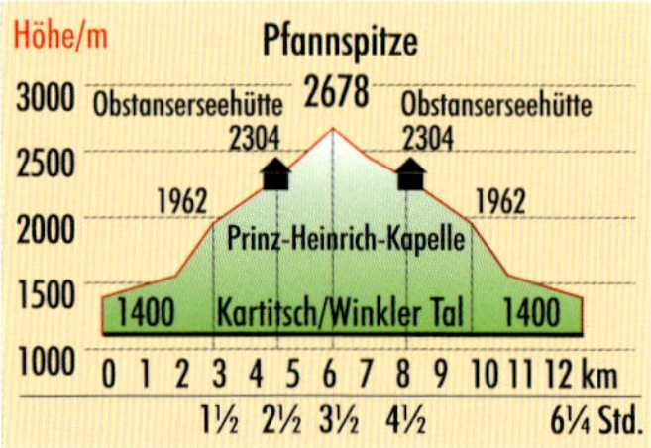

Im Karnischen Hauptkamm, der über mehr als 100 Kilometer den Grenzwall zwischen Osttirol bzw. Kärnten und dem italienischen Friaul bildet, ragt die Pfannspitze als einer der höheren Gipfel heraus. Sie präsentiert sich aus dunklem Urgestein, während einige ihrer Nachbarn aus Kalk aufgebaut sind. Bestiegen wird die Pfannspitze häufig im Rahmen des großartigen Karnischen Höhenwegs, der hier gar seinen Höchstpunkt erfährt. Tageswanderer rücken dagegen von Kartitsch an und machen am pittoresken Obstanser See und seiner Hütte Station.

Von Kartitsch aus schließt das **Winkler Tal** südwärts gegen den Karnischen Hauptkamm auf. Nach einer Weile flachen Anstiegs über die Forststraße gelangt man an eine felsige Barriere mit Wasserfall, die unser Weg nun rechter Hand in Kehren überwin-

Staunend steht man vor der geballten Wucht der Sextener Dolomiten.

det. Dabei ist die Trasse phasenweise mit Holzstufen ausgebaut. Nach der markanten Geländeabstufung mit der **Prinz-Heinrich-Kapelle** (1962 m) und einer Unterstandshütte stehen wir verblüfft vor dem weiten, ebenen **Obstanser Boden**, dessen Wiesen noch per Sense gemäht werden. Wir halten auf den Roßkopf zu und wandern auf einem kehrenreichen Schuttsteig bis zur nächsten Karschwelle, hinter der die **Obstanserseehütte** (2304 m) auftaucht.

Der Gipfelanstieg führt zuerst mit Mark. 403 ostwärts ein Stück Richtung Roßkopftörl hinauf, um bei der nächsten Gabelung rechts zu schwenken und am Rande einer Hangmulde gegen den Grenzkamm (P. 2587) anzusteigen. Dort oben erwartet uns der nächste Paukenschlag, wenn die Sicht auf die Sextener Dolomiten und die Berge Carnias frei wird. Über den schrofigen Südwestgrat schließlich zum Gipfel der **Pfannspitze**. Im Abstieg können wir ab P. 2587 weiter dem kammnahen Steig folgen und erst im Obstanser Sattel (2462 m) zurück in die Seemulde abdrehen (etwas länger). Der Rest vollzieht sich wie im Aufstieg.

Gipfelfreuden auf der Pfannspitze.

46

Spitzköfele, 2314 m – Bärenbadegg, 2431 m

Karnische Kammtour bei Obertilliach

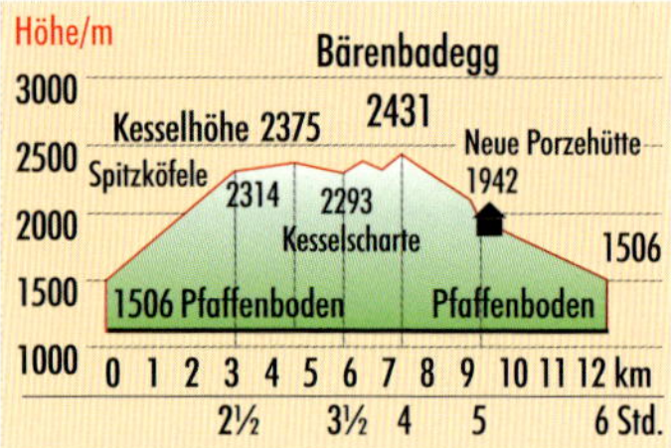

Ausgangspunkt: Pfaffenboden, 1506 m, im Dorfertal; Zufahrt von Obertilliach auf einer Sandstraße.
Gehzeit: Spitzköfele 2½ Std., Bärenbadegg 1½ Std., Porzehütte 1 Std., Pfaffenboden 1 Std.; gesamt 6 Std.
Höhenmeter: Etwa 1150 Hm.
Charakter: Normale Bergwege, zum Spitzköfele teils spärlich ausgetreten, am Karnischen Höhenweg meist besser. Von einzelnen leicht ausgesetzten Passagen abgesehen keine besonderen Schwierigkeiten. Durchschnittliche Tagestour.
Einkehr: Neue Porzehütte (Übernachtung).
Karte: KOMPASS Nr. 47 oder 58.

Touren am Karnischen Hauptkamm sind immer wieder vom Kontrast zwischen den südalpinen Landschaften des Friauls und inneralpinen, wie sie in Osttirol vorherrschen, geprägt. Die hier beschriebene Wanderung kombiniert das nördlich abgesetzte Spitzköfele mit einem kleinen Abschnitt des Karnischen Höhenwegs, der über das Bärenbadegg genau am Grenzkamm verläuft. Mit dem Abstieg via Porzehütte ergibt sich eine abwechslungsreiche Runde über dem hinteren Dorfertal.

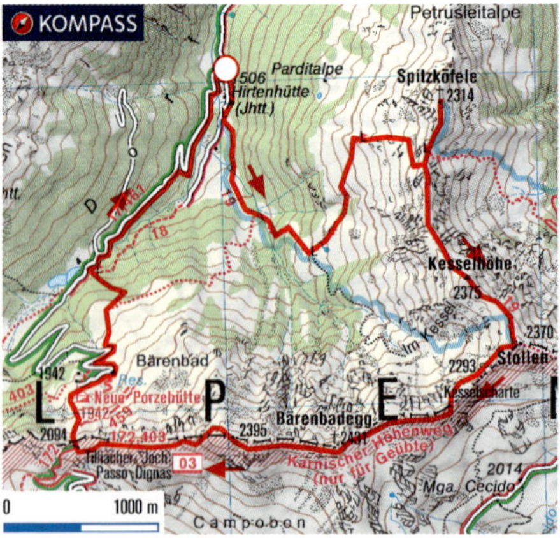

Bei der Gabelung am Pfaffenboden im **Dorfertal** folgt man dem linken Fahrweg und zweigt wenige Minuten später hinter einem kleinen Bachgraben mit Nr. 19 Richtung Spitzköfele ab. Der Weg zieht durch eine breite Schneise, überschreitet den Graben nach links und schraubt sich an den einförmigen West-

Das Massiv der Porze über dem Tilliacher Joch.

hängen höher. Nach einem Hüttchen folgt eine Aufwärtstraverse nach links, bevor man im Zickzack vollends zur Kammhöhe ansteigt. Vom dortigen Kreuzungspunkt sind es noch knapp 15 Min. nach Norden zum Aussichtspunkt des **Spitzköfele** (2314 m), wo man schön ins Gailtal und bis zum Großglockner am nördlichen Horizont blickt. Für die Fortsetzung gehen wir kurz zurück und folgen dann dem kurzfristig aufsteilenden Kammrücken über die **Kesselhöhe** (2375 m). Dahinter wird eine Wiesensenke durchschritten, ehe man am eigentlichen Grenzkamm andockt. Nach rechts gegen die **Kesselscharte** absteigend mündet unser Pfad in die Trasse des **Karnischen Höhenwegs**, der die Nummer 403 trägt. Längs der Schneide, teils auch etwas links oder rechts ausweichend, werden unbedeutende Erhebungen passiert und aus einer weiteren Einsattelung schließlich zum höchsten Punkt der Tour am **Bärenbadegg** (2431 m) angestiegen.

Wir überschreiten diesen Gipfel am Karnischen Höhenweg und steigen westwärts Richtung **Tilliacher Joch** (2094 m) ab, wobei der Pfad in diesem Abschnitt öfters knapp in der grasigen und recht abschüssigen südlichen Flanke verläuft. Über den historisch bedeutsamen Passeinschnitt erfolgt der Wechsel zurück auf österreichischen Boden und zur **Neuen Porzehütte** (1942 m) etwas unterhalb. Wahlweise über das serpentinenreiche Sträßchen oder über eine Abkürzung zum **Klapfsee** und zurück zum Ausgangspunkt im Dorfertal.

47

Golzentipp, 2317 m

Ein Gailtaler Wiesenberg

Ausgangspunkt: Obertilliach, 1450 m, im Tiroler Gailtal.
Gehzeit: Aufstieg über Gripp 2½ Std., Abstieg je nach Variante 1½ bis 2 Std., gesamt 4 bis 4½ Std.
Höhenmeter: 870 Hm.
Charakter: Leichte Wanderwege in Wald- und Wiesengelände, auch konditionell nur ein gutes Halbtagesprogramm.
Einkehr: Evtl. Connyalm (Übernachtung).
Karte: KOMPASS Nr. 47 oder 58.

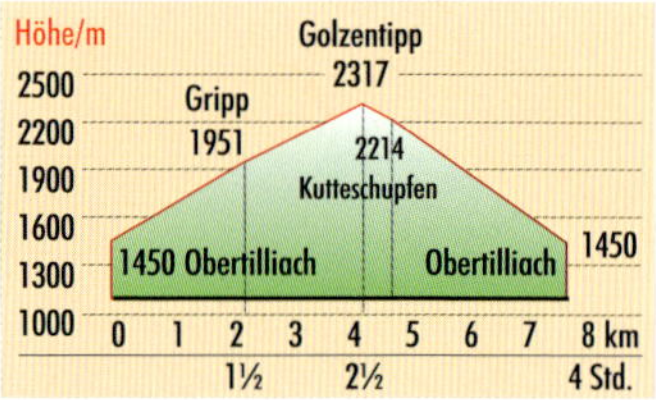

Im Bergwald am Golzentipp.

Der Obertilliacher Hausberg Golzentipp hat verschiedene Routen über seine weitläufigen südseitigen Berglehnen in petto, sodass sich in jedem Fall eine Überschreitung anbietet. Beschaulichkeit ist dabei Trumpf, denn die schroffen Gipfel der Lienzer Dolomiten und des Karnischen Hauptkamms, der sich im Süden besonders schön aufschließt, gehen doch auf Distanz. Beste Zeiten für den Golzentipp sind der frühe Sommer, wenn die Matten von bunten Blütenteppichen übersät sind, und der Herbst bei klarer Sicht.

In **Obertilliach**, das sich auf einem Schwemmfächer an der Mündung der Rodarmrinne ausbreitet, halten wir nordwestwärts zuerst auf diese zu und folgen dann mit Nr. 47 den Abkürzungen eines Almsträßchens. Während des Aufstiegs begleiten uns prächtiger Lärchenwald sowie da und dort ein alter Stadel. Oberhalb der Schulter des **Gripp** (1951 m) endet der Wald und wir treten auf freie Wiesen

Spätherbstliche Gailtaler Bergwelt beim Anstieg zum Golzentipp.

hinaus. Ein Hangrücken gibt zunächst die Richtung vor. Schließlich mehr in die Einbuchtung zur Linken und zur Kammhöhe, wo wir auf den vom Dorfberg herüberkommenden **Gailtaler Höhenweg** treffen. Von dort das letzte Stück zum großen Kreuz auf dem **Golzentipp** hinauf.

Wir überschreiten den Berg Richtung Südosten und kommen damit zu den **Kutteschupfen** (2214 m), jener malerischen Ansammlung von Heustadeln in einer Wiesensenke. Nun heißt es sich entscheiden: entweder für den kürzesten Abstieg mit Nr. 46, der in den Einschnitt des Rodarmbachs und damit direkt nach Obertilliach hinunterzieht, oder für Route Nr. 44 und 45, die zuvor am Jochsee vorbei östlich über das kleine Skigebiet bei der **Connyalm** (2070 m) ausholt. Bis gegen Ende September kann man von dort auch mit dem Lift talwärts schweben.

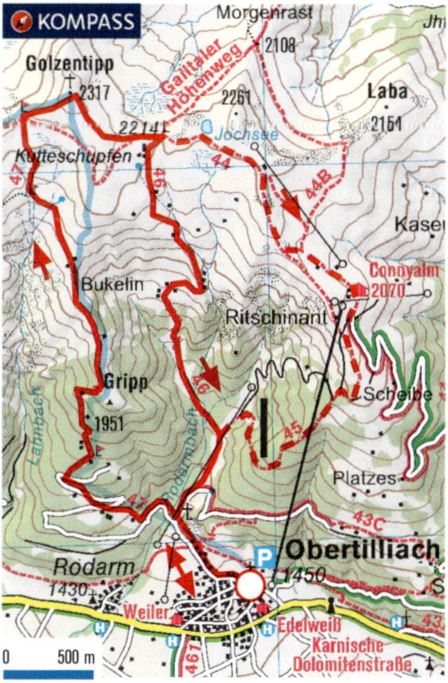

48

Eggenkofel, 2591 m

Breites Felshaupt über dem Gailtal

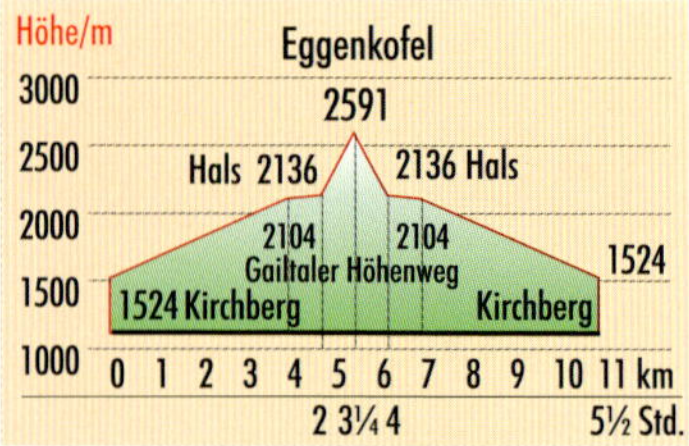

Ausgangspunkt: Kirchberg, 1524 m; Zufahrt über eine Bergstraße von Untertilliach.
Gehzeit: Über die Kircher Almen zum Hals 2 Std., Eggenkofel 1¼ Std., Abstieg 2¼ Std.; gesamt 5½ Std.
Höhenmeter: Knapp 1100 Hm.
Charakter: Nach Zustieg durch Wald und Wiesen sehr steiler Schrofensteig, der absolute Trittsicherheit, Schwindelfreiheit und hier und da etwas Unterstützung der Hände erfordert. Vorsicht wegen des losen Gesteins (Steinschlaggefahr besonders in Rinnen). Normale Tagestour.
Einkehr: Keine.
Karte: KOMPASS Nr. 47 oder 58.

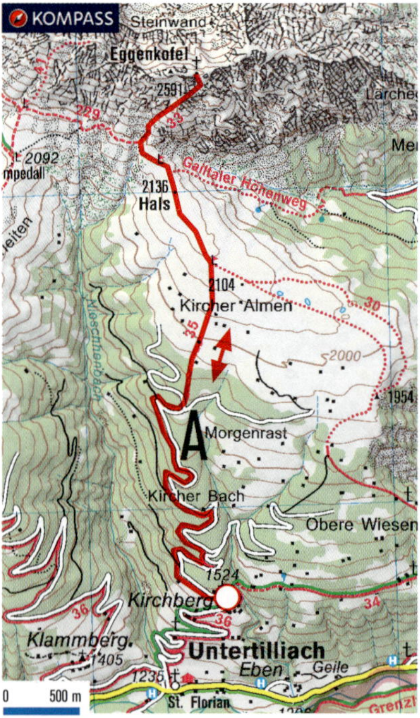

Mit breiten Felsflanken erhebt sich der Eggenkofel als herausragendes Massiv im westlichen Teil der Lienzer Dolomiten. Er hält zwei Gipfelpunkte bereit, die normalerweise getrennt voneinander bestiegen werden (außer man beherrscht souverän den II. Grad in exponiertem Fels und wagt die nicht bezeichnete Gratüberschreitung). Während der etwas niedrigere Westgipfel über eine zwar steile, aber übersichtliche und bei trockenen Verhältnissen unschwierige Gras- und Schrofenrampe erreicht wird, windet sich die Route zum Hauptgipfel etwas verzwickter durch ein Rinnensystem in die Höhe. Letztere soll für ambitionierte Berggeher beschrieben werden.

Vom Gipfelgrat des Eggenkofels überblickt man das Felsenreich der Lienzer Dolomiten.

Von der fotogenen Kapelle St. Ingeniun in **Kirchberg** (2 km Asphaltstraße von Untertilliach) folgen wir dem abgeschrankten Forstweg, der in weiten, mäßig ansteigenden Schleifen durch den Bergwald zieht. Bei der **Morgenrast** (1954 m) weichen wir auf einen Steig aus und erreichen mit Durchbrechen der Waldgrenze das weitläufige Gebiet der **Kircher Almen**. Die Spur ist teils undeutlich, doch geht man mehr oder weniger gerade über die Wiesen bergauf. Die imposante Eggenkofel-Südflanke kommt ins Blickfeld. Mit Einmündung in den **Gailtaler Höhenweg** nach links und an einem Weidezaun entlang hinüber zur Senke am **Hals** (2136 m), wo sich der Gipfelsteig vom Gailtaler Höhenweg trennt. Wir bleiben rechts von einer tiefen Reiße und begeben uns mit Markierung Nr. 33 an einem Grasvorbau aufwärts. Eine Rinne nach links querend zu schrofigen, zwischen den Couloirs eingelagerten Rippen. Weiter oben gelangt man direkt in eine der brüchigen Rinnen, die schräg rechts emporzieht und bis zu einem Schartl durchstiegen wird. Dort setzt in gleicher Richtung eine diagonale Schrofenrampe an, die uns bereits in Gipfelnähe leitet. Von ihrem Ende führt der kleine Pfad zum Hauptgrat hoch und zuletzt nach links zum Kreuz auf dem **Eggenkofel**.

Der Abstieg erfolgt auf der gleichen Route, wobei man bis an den Fuß der Felsflanke besondere Vorsicht walten lassen muss.

Kerschbaumer Törl, 2285 m

Ins Herz der Lienzer Dolomiten

Ausgangspunkt: Parkplatz Klammbrückl, 1104 m; Zufahrt von der Drautal-Bundesstraße (B100), 2 km südwestlich von Leisach, über eine Forststraße (»Stadtweg«).
Gehzeit: Kerschbaumer Alm 2 Std., Kerschbaumer Törl 1¼ Std., Karlsbader Hütte ¾ Std., Lienzer-Dolomiten-Hütte 1¼ Std., Klammbrückl 1 Std.; gesamt 6¼ Std.
Höhenmeter: Knapp 1300 Hm.
Charakter: Ordentliche, im oberen Teil naturgemäß etwas steinige Bergwege sowie teils auch breite fahrbare Trassen. Technisch eher leichte Wanderung, die aber eine gewisse Kondition verlangt.
Einkehr: Kerschbaumer Alm, Karlsbader Hütte (beide Übernachtung), Lienzer-Dolomiten-Hütte.
Karte: KOMPASS Nr. 47 oder 58.

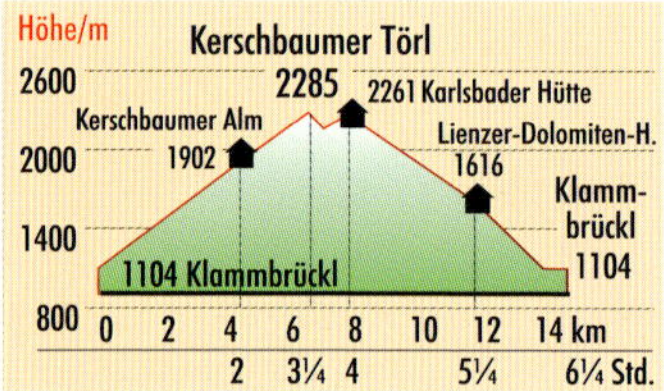

Das Herz der Lienzer Dolomiten, dieser eindrucksvollen Berggruppe unmittelbar südlich der Osttiroler Bezirkshauptstadt, schlägt eindeutig im Laserzkessel rund um die Karlsbader Hütte.

Wir wählen hier einen alternativen Zugang durch das wildromantische Kerschbaumertal und wechseln erst über das gleichnamige Törl in den Laserzkessel. Der Überraschungseffekt ist umso größer!
Durchs **Kerschbaumertal** können wir zu Beginn dem bequemen geschotterten Fahrweg folgen (einige Abkürzer lohnen sich kaum).

Am Kerschbaumer Törl mit Blick auf Weittalspitze, Eisenschuss und Kreuzkofel.

Bei der Materialseilbahn auf etwa 1560 m geht die breite Trasse in einen gewöhnlichen Steig über, der bald einmal durch eine Reiße unterbrochen sein kann. Man gelangt über einen Geländeriegel in den hinteren Talabschnitt, wo wir durch lichten Wald das Schutzhaus **Kerschbaumer Alm** (1902 m) ansteuern. Jetzt von Nr. 10 auf Nr. 213 wechselnd dem ostwärts ziehenden Steig folgen, anfangs noch flach durch Wald, danach in Kehren am Latschenhang bergauf. Zwischendurch zweigt die Route zur Großen Gamswiesenspitze ab (jüngst zusätzlich mit einem Klettersteig erschlossen), bevor wir mit dem Hauptweg die markante Einsattelung des **Kerschbaumer Törls** (2285 m) gewinnen. Jenseits geht es nach kurzem Zickzack rechts unter einem Felsaufbau entlang und allmählich im Bogen hinüber zur **Karlsbader Hütte** (2261 m). Wer die Tour verkürzen möchte, kann auch gleich in die Hangmulde unterhalb und zum Hüttenweg absteigen.

Normalerweise wird man sich aber die Rast auf der Hütte und am nahen Laserzsee nicht entgehen lassen, um hier die Felsarena ringsum richtig auf sich wirken zu lassen. Anschließend auf der breiten Schottertrasse abwärts, wobei auch einige etwas raue Abkürzungsmöglichkeiten bestehen.

Der **Egerländerweg** läuft Richtung **Lienzer-Dolomiten-Hütte** (1616 m) hinunter, nur noch wenige Schritte vom Parkplatz am Ende der Mautstraße entfernt. In der nächsten Kurve zweigen wir links ab und halten uns bei einer Jagdhütte abermals links, um auf dem **Goggsteig** (Nr. 12B) im Wald tiefer zu gelangen.

Zuletzt auf den **Franz-Lerch-Weg** (Nr. 10A) einbiegend, der uns das letzte Stück fast horizontal zum Klammbrückl zurückbringt.

Laserzwand, 2614 m

Wandergipfel über der Karlsbader Hütte

Ausgangspunkt: Parkplatz kurz vor der Lienzer-Dolomiten-Hütte, 1616 m; Zufahrt über eine Mautstraße von Tristach.
Gehzeit: Karlsbader Hütte über Rudl-Eller-Weg 3 Std., Laserzwand 1 Std., Abstieg 2 Std.; gesamt 6 Std.
Höhenmeter: Knapp 1100 Hm.
Charakter: Am Rudl-Eller-Weg gesicherte Passagen, zur Laserzwand steiler Schrofensteig, aber kaum Kletterei. Trittsicherheit und Schwindelfreiheit jedoch unerlässlich, durchschnittliche Tagestour.
Einkehr: Karlsbader Hütte (Übernachtung), Lienzer-Dolomiten-Hütte.

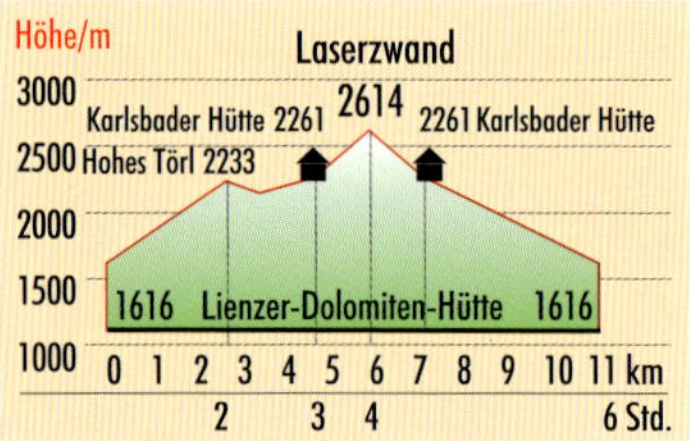

Karte: KOMPASS Nr. 47 oder 58.

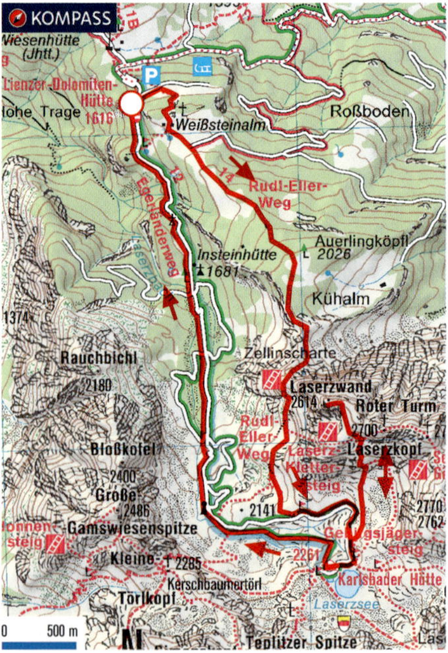

Der großartige Laserzkessel rund um die Karlsbader Hütte ist ein Dorado der Felskletterer, während richtige Wandergipfel hier rar gesät sind. Eigentlich fällt allenfalls die Laserzwand in diese Kategorie, lässt sie sich doch von der Südseite über einen Schrofenpfad relativ leicht erreichen. Das glaubt man freilich nicht, wenn man beim Anmarsch noch in die lotrechten Nord- und Westabbrüche des Berges blickt. Den Hüttenzugang sollte man unbedingt über den Rudl-Eller-Weg nehmen, der wesentlich spannender – aber auch länger und anspruchsvoller – ist als der Normalweg.

Direkt ab Parkplatz kann man mit Bezeichnung »**Rudl-Eller-Weg**« durch

Gewaltig: die Felsarena des Laserzkessels.

Waldparzellen und über einen ersten Geländeriegel mit Sicherungen zur **Weißsteinalm** aufsteigen oder diese leichter vom Fahrweg hinter der Lienzer-Dolomiten-Hütte aus ansteuern. Nachfolgend auf teils recht erdigem Steig durch Latschen, lichten Wald und Grasgelände zum **Auerlingköpfl**. Eine Art Verschneidung hält die nächste gesicherte Passage bereit. Danach gelangen wir an den Fuß einer steilen Schotterrinne. Am besten mit Fixseilhilfe an den rechten Begrenzungsfelsen empor ins **Hohe Törl** (2233 m).

Dahinter geht es kurz abwärts und mit vereinzelten Sicherungen quer durch abschüssige Flanken, dabei links um ein Geländeeck herum und schließlich auf leichtere grasbewachsene Hänge. Wir treffen auf den breiten Hauptweg und wandern um die letzte Kurve zur **Karlsbader Hütte** (2261 m) hinauf.

In nördlicher Richtung steigen wir in Kürze in den Schrofenhang der Laserzwand ein, welcher auf den gerölligen Karboden absetzt (direkt oder mit Ausholen über die rechte Seite der Karbucht möglich). Geschickt windet sich der Pfad in die Höhe, verlangt jedoch hier und da auch die Unterstützung der Hände, mehr zum Gleichgewichthalten als zum Klettern. Massig erscheint der Rote Turm über uns, von dem die Markierung aber gegen Ende hin nach links abrückt, um das geräumige Westeck der **Laserzwand** anzupeilen. Zu den eigentlichen Gipfelfelsen ist eine kleine Steigspur erkennbar; zuletzt mit leichter Kletterei zum kleinen, wackeligen Kreuz.

Abstieg auf dem gleichen Weg.

KOMPASS

Wandern · Rad

Damit die Richtung stimmt

www.kompass.at